法学教育教学改革
与人才培养研究

宋和远　著

群言出版社
QUNYAN PRESS

·北京·

图书在版编目（CIP）数据

法学教育教学改革与人才培养研究 / 宋和远著 . --
北京：群言出版社，2022.11
ISBN 978-7-5193-0768-4

Ⅰ . ①法… Ⅱ . ①宋… Ⅲ . ①法学教育—教学改革—
研究—高等学校②法学教育—人才培养—研究—高等学校
Ⅳ . ① D90-4

中国版本图书馆 CIP 数据核字 (2022) 第 189103 号

责任编辑：刘　波
封面设计：知更壹点

出版发行：群言出版社
地　　址：北京市东城区东厂胡同北巷 1 号（100006）
网　　址：www.qypublish.com（官网书城）
电子信箱：qunyancbs@126.com
联系电话：010-65267783　65263836
法律顾问：北京法政安邦律师事务所
经　　销：全国新华书店

印　　刷：三河市明华印务有限公司
版　　次：2022 年 11 月第 1 版
印　　次：2023 年 1 月第 1 次印刷
开　　本：710mm×1000mm　1/16
印　　张：10
字　　数：200 千字
书　　号：ISBN 978-7-5193-0768-4
定　　价：96.00 元

作者简介

　　宋和远，男，1970 年 12 月出生，中共党员，本科学历，法学学士，现任山东省郯城县第一实验小学党总支书记、校长。作为校长，他深知办好一所学校是需要用文化来支撑的，文化的最高境界是"和谐尚美"，把"和谐尚美"的理念内化为全体师生的自觉行动，应该成为全体郯城一小人的追求。根据学校发展实际，精心打造出具有学校特色、引领学校发展方向的核心文化——和美文化。以"和"为文化基调，建设和谐校园；以"美"为文化追求，建美校、塑美师、育美生，使郯城一小成为引领全县小学教育的窗口学校。工作 30 多年来，他始终恪尽职守，无私奉献，执着耕耘，一路播撒爱和关怀，受到了领导和同事的一致好评。

　　他先后在国家、省级刊物发表论文多篇，2020 年 2 月在《中小学学校管理》上发表论文《把握课标主旋律，奏响习作教学三部曲》。参与和主持多项省市级课题研究，主持的省级课题"非遗文化和小学课堂融合"研究，于 2021 年 12 月结题。荣获临沂市优秀教育工作者、临沂市优秀党务工作者、临沂市优秀共产党员、沂蒙名校长、山东省青少年毒品预防教育优秀校长、郯城县"十大杰出青年"、郯城县十佳校长、郯城县十佳劳模、郯城县名校长、郯城县劳动模范、郯城县优秀共产党员、郯城县五一劳模等荣誉称号。连续当选郯城县第十五届、十六届人大代表，中共郯城县第十三届、十四届、十五届党代表。

前　言

法学教育承担着培养法律人才、传播法律知识、弘扬法律精神、涵养法律道德的重要任务，是提高公民法律素质的重要渠道，是培养法律人才的主要阵地，是构建和谐社会、推进民主法治进程的一项基础性工作。法学教育教学改革与人才培养一直受到社会的广泛关注。

全书共六章。第一章为绪论，主要阐述了法学基本理论、法学教育教学的要求和内容等；第二章为我国法学教育教学的现状，主要阐述了我国法学教育教学的现状分析和我国法学教育教学存在的问题等；第三章为国外法学教育及其对我国的启示，主要阐述了德国、日本、美国、英国的法学教育，以及国外法学教育对我国的启示等；第四章为法学教育教学模式的改革，主要阐述了法学教育教学模式的发展历史、现行法学教育教学模式存在的问题、法学教育教学模式的革新等；第五章为法学实践课程教学的改革，主要阐述了法学实践课程教学的发展状况、法学实践课程教学改革的意义和策略等；第六章为法学教育人才培养模式的探索，主要阐述了法学人才的素质构成、人才培养模式的构成要素、法学教育人才培养模式的问题、新型法学教育人才培养模式的构建等。

为了确保研究内容的丰富性和多样性，笔者在写作过程中参考了大量理论与研究文献，在此向涉及的专家学者们表示衷心的感谢。

最后，限于笔者水平，本书难免存在一些不足，在此，恳请同行专家和读者朋友批评指正！

目　录

第一章 绪 论

本章分为法学基本理论、法学教育的要求和内容两部分，主要包括法学的概念、本质、研究对象、研究方法，以及法学教育的基本要求、主要内容等。

第一节 法学基本理论

一、法学的概念

法学是法律科学的简称，它的历史由来已久。在我国先秦时期，有关法律问题的学问被称作"刑名法术之学"，而"律学"则出现在汉代。刑名法术之学的重点是定分和正名，其重点是区分"刑"和"名"。律学的重点在于注释当时的律例，强调法律的运用技巧，而忽略了正义等价值问题。"法学"是南北朝时期产生的一个法律术语。《南齐书·孔稚珪传》中曾经引用过孔稚珪的一句话："寻古之名流，多有法学。"唐朝的白居易，曾经建议皇上以律法为上。但是，孔稚珪和白居易所使用的"法学"，其意义却与律学相近。一般而言，在中国，直到19世纪后期20世纪初期，西方文化大量涌入，法学或法律科学这个名字才被广泛地应用。

二、法学的本质

（一）法学是实证科学

现代自然科学的兴起和发展，以及它对人类的发展所产生的巨大历史影响，使得一部分人开始崇拜自然科学。他们相信自然科学的原理和方法，也可以应用于人类社会，并相信，只有如此，才能得到准确的、可靠的科学，所有的学科，包括法律，都应该向自然科学学习，建立一种与自然科学一样的实证科学。在法学领域，很多现代法学学者运用物理学、生物进化论等自然科学的方法对法律现象进行了阐释。

（二）法学是形式科学

这一观点建立在把科学划分为经验科学和形式科学两个方面的基础上。其中，经验科学分为自然科学和社会科学，它们的主体是收集、分析和处理特定的经验事实；形式科学包括逻辑学和数学，不涉及其内容和价值取向。

（三）法学是人文科学

许多人文科学的倡导者都把法学纳入了人文科学的范畴。人文科学的研究对象是人类社会的各种文化和人类自身，而这里的"文化"则包括宗教学、法学、史学、哲学、语言学、文艺学、伦理学等。英国的《大不列颠百科全书》也把法学列入了人文科学的范畴。

在中国，尽管很少有人把法学纳入人文科学范畴，但是近年来法学界的一些学者开始从人文角度出发，进行法学研究。

（四）法学是社会科学

国内外的学者，特别是国内学者，往往把法学划入社会科学的范畴。《中国大百科全书》《牛津法律大辞典》等都把法学列入了社会科学范畴，其中《中国大百科全书》对法律的解读是："法学，又称法律学、法律科学，是研究法这一特定社会现象及其发展规律的科学，属于社会科学的一个学科。"另外，国内各类法学教科书也都把法学列入了社会科学范畴。

三、法学的研究对象

（一）法学的研究对象首先是法

"法"指的是不同含义的法律。从法律的形式角度来看，包括宪法、法律、法规以及其他各种形式的成文法和不成文法；从法律的体系角度来看，包括宪法、行政法、民商法、经济法、社会法、刑法、程序法和其他各部门法；从法律的时间角度来看，包括古代法、近代法、现代法和当代法；从法律的空间角度来看，包括本国法、外国法、本地法、外地法；从法律的历史类型角度来看，包括奴隶制法、封建制法、资本主义法、社会主义法；从法律的总体分类角度来看，包括国内法和国际法、根本法和普通法、一般法和特别法、实体法和程序法；从法的表现形态角度来看，包括动态法和静态法、具体法和抽象法、纸面上的法和生活中的法、理想法（如自然法）和现实法（如实际生效的法）。法律只有在自由的无意识的自然规律变成有意识的国家法律时，才能称得上真正的法律。

（二）"法律现象"和法学研究的关系

法学研究的内容，除了涉及经济、政治、文化等社会现象之外，还会涉及一些自然现象。但是，不管是古代还是现代，法学的研究都是以法律现象为中心的。

法律现象是一种特殊的社会现象，它具有极为广阔的领域和特定的形态，并且在社会发展过程中不断地演化、更新、扩展。法律现象根据存在形态可分为两类：一是静态的法律现象，即主要以相对静止的形态存在或呈现的法律现象，如规范性法律文件、各种法律规范、法律制度、法律机构、法律文化、法律意识等；二是动态的法律现象，即主要以运动形式存在或表现出来的法律现象，如各种法律行为、法律关系、法律创制、法律实施、法律监督等。但是，应当指出，这种广义的法律现象只能是相对的，而不是绝对的。

"静"和"动"只表示法律现象的存在形式，从内容上看，不管是静态的还是动态的，都处在一个持续发展和变动的过程中。为此，我们从静态和动态相结合的角度，对法律现象的产生和发展过程、存在形式、运行或演变方式、主要作用进行分析，并揭示其共性和特点，从而形成对法律现象的系统认识。

法律现象与其他社会现象类似，并非由人的主观意愿所决定，亦非随意地堆砌或拼接。从法律的产生到发展，从法律的各个特定现象到整体的法律现象，都表现出了法律现象发生和发展的必然性，以及它本身发展演化的内在规律。所以，法学的使命不仅在于对法律现象进行研究，还在于通过对法律现象的考察来探索其发展与演化的规律，从而使其成为一种能够揭示和反映其规律的法理。

（三）与法相关的问题

法律现象不是孤立的，它的存在和发展同其他事物特别是经济、政治、文化等社会现象有着密切的联系。研究这些与法相关的问题可以更好地研究法学的主要问题。

四、法学的研究方法

现实的社会历史和法律哪个才是第一性的？这是一个关于法学世界观的问题。法学的世界观与方法论是统一的。法学方法论是法学的一种思维方式或思维工具。基本上，凡是把现实的社会历史（尤其是经济关系）看作由人们任意地创造出来，尤其是由法律创造出来的，都是历史唯心主义的法学世界观；相反，凡认为现实的社会历史（特别是经济关系）是循着不以人的意志为转移的客观规律运行的，法律是被决定的，但在一定程度上具有反作用，就是历史唯物主义的法学世界观。因此，必须采用辩证的方法。马克思主义在法学领域的伟大意义，就在于它首次提出了历史唯物主义的世界观和辩证法。正因如此，我们才能真正认识法与经济的关系、法的本质、法的发展规律及法的正确研究方法。

（一）法学研究的基本方法论原则

以马克思主义为指导的法学研究必须坚持以下几条基本的方法论原则。

1. 必须坚持实事求是的思想路线

实事求是是马克思主义思想路线的具体化，实事求是要求从现实的社会实际出发去研究法律现象（而不能从法学家或立法者的主观意志出发），使法学的思考符合社会实际（而不是让社会实际符合人们的法学思考）。

2. 必须坚持社会存在决定社会意识的观点

社会存在本质上是指社会物质生活条件的总和，包括地理环境、人口因素和物质资料生产方式。而社会意识则是人们对社会的总体印象和基本认识，是社会存在的总体反映。法律是主要的社会意识形态之一。坚持社会存在决定社会意识的观点，就是承认法律是由经济基础所决定的上层建筑，法律的根源在于经济基础。具体而言，经济基础或统治阶级所依赖的物质环境，决定了法律的性质，也就是法律的权利与义务的实现。

3. 必须坚持社会现象的普遍联系和相互作用的观点

首先，我们需要意识到，在马克思主义理论中，"现象"是指经济基础对法律的决定性影响，以及"法"对经济基础的反作用，尤其是经济基础对生产力的推动或妨碍作用。其次，我们必须意识到，在上层建筑中一切现象都是相互影响的，但哲学、宗教、艺术等并不能直接影响经济基础，它必须通过法律由国家直接或间接影响。最后，在法律现象中，法律意识和法治也是相互联系、相互影响的。

4. 必须坚持社会历史的发展观点

由于社会是发展的，法律也在不断地发展。每一个时代的社会都是以法律为基础的。法律要符合时代发展的需要，体现时代的主题和趋势，不然就会被时代所遗弃，无法发挥其应有的功能。这就决定了我国现行法律制度的变革是一个实践过程。

（二）法学研究的基本方法

1. 阶级分析方法

阶级分析方法是一种独特的马克思主义法学研究方法。马克思认为：第一，阶级的存在仅仅同生产发展的一定历史阶段相联系。第二，阶级斗争必然要导致无产阶级专政。第三，无产阶级专政不过是达到消灭一切阶级和进入无阶级社会的过渡。从这一点上，我们可以看出，法律是有阶级性的，它与阶级专政（国家）有着密切的联系，法律也是随着阶级关系和阶级专政的发展和变化而发展和改变的。在运用阶级分析方法来研究法律现象时，应避免将阶级性视为法律的唯一属性，并避免否定法律的阶级性。

2. 价值分析方法

价值分析方法是一种从某种利益角度，以某种应然性、正当性、合理性为标准，揭示法律本身善与恶的本质的方法。任何法律都有价值理论，任何立法、执法、司法、守法都会对价值理论产生影响。因此，对法律进行研究是无法回避的。

3. 实证分析方法

实证分析方法是一种从外部状态和数量的角度，以及从经验的角度对法律现象进行分析的方法。

第二节　法学教育的要求和内容

一、法学教育的基本要求

（一）法学教育要面向实践

1. 学生学习要面向实践

我国法学教育中存在着忽视职业技能培训、注重理论讲解等方面的问题。法学专业是一门应用型、实践性较强的专业。近年来，我国的法学教育实践证明，普通高校法学专业毕业生的实务操作能力尚待提高，实务部门一般要花上三四年的时间来培养他们的实务操作技能，这一点无论是政法类院校的法学专业毕业生，还是综合性院校的法学专业毕业生，都是如此。因此，我国法学教育目前面临的最大困难是缺少法律实务训练。

2.法学教育的教学内容要面向实践

现行的高校评估标准，比如硕士点的规模、博士点的多少、教授的人数、论文的数量、论文的质量、引用的比例等被简单地套用在了对高校法律教育的评估上，但这些标准不能完全体现法学教育的价值。为适应高校评估标准的要求，法学教育的重点自然就放在了这些指标上，最终，一定程度上背离了法学教育的本质，让理论课成为法学教育的主流，让法学教育缺乏实践性成为必然。特别是一些高校将自己定位为"研究型学校"，并为此细化任务、细化指标，导致实践教学在法学教育中的比重较低，地位一直没有得到应有的重视。

3.法学教育的教学方法要面向实践

法学是人文社会科学中最具实践性的学科，它来源于实践，又服务于实践，实践性是法学的重要属性。因而，实践教学应当是法学教育的重要部分，占据重要地位。同时，法学教育中的法律知识传授、法学理论讲解、法学思维形成、法律职业技能的提高、法律职业素养的培育和法律职业道德的养成，等等，都需要通过实践教学来检验和测量，实践教学具有极其重要的作用。法学教育方法应当以实践为本位，这是由法学教育自身的特征决定的，也是法学教育的属性所要求的。

从一定意义上来说，我们可以将实践教学作为考察法学教育合不合格的基本指标。法学学科的实践性决定了法学教育的实践性，要求法学教研人员转变法学教育观念，创新法学教育模式，树立实践教学的正确理念，遵循法学实践教学的规律，在法学教学过程中坚持以实践为中心，在实践中注重提高学生的法学理论水平和法学技能水平。

对于高等学校来说，应当重新审定法学教育的培养模式和培养方案，明确以实践为核心的教学理念，注重发挥学生在实践教学中的主体地位，在注重学生理论水平提高的同时，更要重视学生实践能力的提升，要努力培养一批既具有一定知识水平和理论深度，又具有较强实践操作能力的法律人才。

（二）法学教育要面向基层

1.基层是需要法治关怀的地方

基层是能够为法律工作者提供发挥自身法律专长、展示自身法律能力的大平台。当前，我国法学教育比较繁荣，从事法学教育的高等学校数量较多，但法学专业毕业生的就业形势较严峻。一方面是法学毕业生找不到理想工作；另一方面是中西部落后地区和基层的政法机关招不到足够的法律人才，有的机关常年人员缺编。供需对比，反差极大，这也正是当前法学教育的困境和难题。产生这些问题的原因固然是多方面的，但法学教育自身存在的问题也是导致这一现象出现的重要原因。人才培养结构不够平衡是法学教育的现状，也是影响法学教育长远发展的瓶颈。这就要求高等学校在法学人才培养上适当采取差异化的培养模式，当前应当更加重视中西部地区和基层的人才需求。对于法学专业毕业生来说，从某种程度上讲，基层具有更能发挥其法律专长的优势，是更能实现其人生价值的舞台。

2. 基层的法律人才不足

基层在经济发展、社会建设等诸多领域缺乏区位、政策优势，导致资源通过市场机制配置流向基层有一定难度，其中法律人才不足就是典型表现。这一现状既是造成当前区域发展失衡的一个主要原因，又是制约中西部地区乃至基层发展的一个主要因素。要改变这一现状，就必须从制度、政策等方面进行干预。

3. 基层法制建设薄弱

基层群众对国家的发展做出了重大贡献，因此，基层是国情，基层是感情，基层是能力。当然，在我国，基层法制建设也是较为薄弱的，无论从哪方面考虑，我国都应加强基层法制建设。

（三）法学教育要面向未来

1. 构建与法治中国相适应的高等学校法学教育体系

法治是治国理政的基本方式，是社会发展的潮流。法治国家、法治政府、法治社会一体建设，对我国的法学教育、法律人才的培养来说是一个很大的挑战。面对中国的法治建设需要，高校法学教育要更加重视公平正义、法律至上的思想，更加注重为社会、为国家的宗旨教育，更加注重不畏邪恶、秉持正义的信念教育，更加注重恪守职业道德、践行法治使命的品德教育。高校肩负着为我国未来的法治建设培养高素质法学人才的重要任务。因此，高校必须认识到时代的变化，认识到自己的使命，转变教育方式，进行教育观念的创新，积极主动地担负起为我国未来法治建设培养高素质法学人才的责任和使命。

2. 构建与权利时代相适应的高等学校法学教育体系

公民权利的维护与保障，是时代发展的标志，也是人类文明进步的象征。权利观念的增强、权利意识的提高、权利思维的形成和权利理念的认同成为现代社会的主流。人民日益重视对自身合法权益的关注与保护，并重视通过法律途径来保护自身权益。在法治中国，高校法学教育不仅要承担起培育和引导社会正确权利观的责任，而且要进一步加强对社会权利宣扬的正确导引，这是高等学校法学教育和法律人才培养的重心。

3.构建与经济全球化相适应的高等学校法学教育体系

经济全球化是当今世界的发展趋势，也是当今世界经济发展的主要方式之一。中国经济的发展，离不开国际化人才的智力支撑。随着经济全球化的发展，高校法学教育应重视培养大学生的国际化视野，提高大学生的国际思维能力，加强国际化法律人才的培养。

二、法学教育的主要内容

（一）培养法律素养

1.法律素养的概念

法律素养是一种社会意识，它指的是社会生活中的一种精神层面，它与政治、法律、哲学等意识形态有关。

法律素养是一个人在长期的学习、生活中，在外部环境的熏陶下，由自身的内化和内化而形成的知法、知法、守法、用法的综合素质。法律素养在我国国民素养中占有举足轻重的地位，良好的法律素养有助于公民树立正确的价值观。

2.培养法律素养的必要性

（1）大学生法律素养薄弱

当前，我国部分大学生的法治观念相对薄弱，如果不是主攻法律，那么大学生很少去深入学习法律，会缺乏相关的法律知识。在法治社会中，缺乏法律知识，会让大学生难以融入社会。

（2）法律素养成为大学生适应社会的必备核心素养

近年来，我国政府所倡导的法治国家建设和法治社会建设，无不显示出法治在国家和社会运行中的重要性。未来的大学生，不管是作为一个执法人员，还是一个普通人，都应当具有良好的法律素质。尤其是执法人员，必须深刻领会"法无授权即禁止"的含义，并在法定权限内进行执法。而作为一个遵纪守法的公民，要懂得"法无禁止则行"的含义，懂得运用法律保护自己的正当权利。只有我们的执法人员和人民群众都具有了良好的法治意识，我们的法治之路才会更加宽阔。

3. 高校学生应具备的法律素养

法律素养的养成需要法律知识的日积月累，是长久受法律熏陶的结果。加强学生法学教育，不仅有利于规范其行为、弘扬正气、鞭挞邪恶，更能有效地预防青少年犯罪。教育部门应紧随新课改的步伐，适时调整教学任务，即在正常的教学工作中提升法律教学课程的教学地位，加强法律素养培养工作。为此高校要加大培养力度，循序渐进地培养学生的法律意识，最终促使学生的法律素养提高。学校肩负着学生法律素养培养的重任，学生应当具备以下法律素养。

（1）守法

遵纪守法是每个公民应当承担的基本义务。国家对公民综合素质的要求越来越高，公民法律素养的培养是一项全民活动。提高公民法律素养是实现依法治国伟大方略的题中应有之义。学生作为我国社会建设的关键性人才，提高其法律素养是十分必要的，对学生法律素养的培养重点是守法的培养，具体应当从以下两个方面进行：

首先，要树立正确的法律意识。学生应熟练掌握《中华人民共和国治安管理处罚条例》和《中华人民共和国刑法》等日常应用极广的法律条文，明确公民权利与义务，确保自身行为的规范性、守法性，将法律规定作为自身行为规范的准则应用于日常的生活和学习中，并逐渐信赖法律、相信法律、崇敬法律，最终自觉养成守法意识。守法意识的养成是用法的先决条件。学校在日常的教学中，可引导学生在守法的基础上用法律解决遇到的问题等。另外，学校应鼓励学生自觉守护校园安全。

其次，要正确理解权利与义务、民主与法治、自由与纪律的关系。学生应当熟悉《中华人民共和国民法典》的基本内容，学校可结合近两年的典型案件，进行案例教学，使学生明确公民的权利与义务是相对的，两者是相辅相成的。此外，民主与法治、自由与纪律同样也是缺一不可、辩证统一的。公民享有的自由是以遵纪守法为前提的，违法乱纪必定会以失去自由为代价。要让学生认识到自由对于一个人的重要性，以及失去自由的人生将面临的困境。

（2）护法

护法是公民在信任和遵守法律的基础上形成的自觉捍卫法律权威的法治心理和法治信念。学生作为我国公民的有机组成部分，理应敬畏法律、崇尚法律及维护法律权威，具体如下。

首先，树立法律至上意识。学生要对"法"有一个正确的认识，认识到法律的至高无上。学校要培养学生法律信仰，认可法律的权威性。此外，学校应该注重对学生护法精神的培养，明确遵纪守法是公民应该遵守的最基本的行为规范，减少冲动违法行为的出现。

其次，自觉维护法律权威。良好的法治环境对公民树立法律信仰具有十分重要的促进作用。学校可以通过案例教学，加大宣传教育工作，宣扬法律权威，营造良好的法治氛围。良好的社会法治环境有利于学生尽快确立正确的法治观，培养法律信仰，崇尚法律权威，勇于维护法律权威，成长为具有法律正义感的社会公民。

（3）维权

依法维权是公民在守法的基础上针对侵权行为进行依法维权的受法律保护的行为。学校部分学生依法维权的意识薄弱，依法维权的能力不足，究其原因，学生的法律基础不够扎实，难以清晰、明确地区分现行法律赋予公民的权利与义务，难以确定维权适用的范围，不能采用合法的手段、方式维权。学生遇到非法侵害时，常常因对自身权利的弱化加之法律意识的欠缺，而往往采用"以其人之道，还治其人之身"的方式维权，最终却走上违法犯罪的道路，终生懊悔。另外，学生临近毕业，大都需要外出实习，少数学生因法律意识欠缺、维权意识不强而遭受无良商家克扣工资、压榨劳动成果，最终沦为"鱼肉"任人宰割。因此，培养学生法律素养，不仅能更好地规范学生的行为，使学生坚守法律底线，而且能使学生勇于拿起法律武器维护自身的合法权益。

（二）培养职业道德

1.职业道德的概念

（1）职业道德

相对于一般社会道德，从字面的逻辑上来看，职业道德显然是一个范围比一般社会道德窄的道德范畴，但却不能简单地说职业道德是一般社会道德的一部分。职业道德是从事特定职业的人群，以一般社会道德为基础，根据本行业的职业特质，在执业过程中为满足职业发展的需要，在本行业内形成的规范行业内个人职业行为的一种特殊的道德。正如美国最著名的刑事辩护律师艾伦·德肖维茨（Alan Dershowitz）在《致年轻律师的一封信》中所说："一些人或许将这归为特定条件下的道德规范，而我更愿意用'橘色职责'这个词，当你在社会中扮演某种角色时，你就要放弃某些选择。"

按照《法律职业伦理》一书中对职业道德的分析，职业道德一般包括三个层次，分别是职业道德意识、职业道德行为和职业道德规则。职业道德意识又包括职业道德心理和职业道德思想。职业道德意识指的是从事特定职业的专业人士对其从事该行业所应遵守的道德的认识，包括他们执业时的心理状态和他们对整个执业活动的整体道德思想认识。职业道德行为是专业人士在从事执业活动时所做出的执业行为，既包括正面行为，也包括负面行为，并非只指代符合该职业道德的行为。职业道德规则则是在全行业范围内形成的，涉及行业中每个人，约束每个人的一种道德思想的综合体现。它起初可能是一种默示的道德习惯，随着行业的发展和稳定需要也会变成一种明示的规则，以此来对行业内部进行管制约束。为了确保能实现预期的效果，职业道德规则还往往伴随着默示或明示的惩治措施。如此看来，职业道德规则在本行业内的地位和作用是不容小觑的，加强对职业道德规则的改进与贯彻也是促进行业稳定发展的重要一环。

（2）法律职业道德

法律职业道德是指在法律职业实践过程中所形成的一种道德规范，它反映了法律职业的伦理关系，并对其进行了规制。法律职业规则伴随着法律职业的专业化，让法律工作者拥有自己的力量来抵抗外部的力量。法律职业规则是对法律工作者的制约，而法律职业道德则是从内部维护法律职业的良好地位和尊严。

法律职业道德的受教者主要包括法律工作者和法律专业的学生，他们终身都要接受这种教育。与其他行业相比，法律职业者更应该遵守法律职业道德。法律职业道德是律师、公诉人等从事法律工作的人在工作和社会生活中必须遵守的行为准则的总和，是律师职业操守的具体表现。法律职业道德的基本特征包括以下几方面。

一是法律职业道德具有多样性与特定性。我国著名法学家和法学教育家孙晓楼先生曾经说过，法律专业人员必须有法律学问，才能了解和改进法律，必须有社会常识，才能正确地运用法律，必须有法律道德，才能实施法律。一个人只掌握了法律知识，还不能算是一个合格的律师，还需要有法律职业道德。没有法律职业道德，越是了解法律的人，就越是会为非作歹。因此，法律职业道德是我国法学专业人才培养的第一要务。法律职业道德是一种客观、社会性的体现。法律工作者的个人道德品质是由道德准则内化于个体的道德选择、品格，是人类根据人性而获得的结果。法律职业道德具有自己的特点，并由此而产生了自己特有的道德标准。就像德国著名社会学家、政治学家和哲学家韦伯（Weber）说的："近代官吏团体已发展成一支高度素质化的专业劳动力，经过长期的预备性训练后各有专长，并且近代官僚集团出于廉洁正派的考虑，发展出一种高度的身份荣誉意识，若是没有这种意识，可怕的腐败和丑陋的市侩习气将给这个团体造成致命的威胁。没有这种廉洁正派，甚至国家机构纯粹技术性的功能也会受到威胁。"法律行业需要有自己的地位和尊严，不能被任何外来的力量所影响。它受到客观规范的约束，即法律职业道德。

二是法律职业道德具有自律性与他律性。法律职业道德是靠从事法律行业的人员自身来遵守的行为规范，同时法律职业道德也需要从事法律行业的人员的互相监督。

三是法律职业道德具有独特性。法律职业道德的独特性是与法律职业的职责息息相关的，不同的职位有着不同的行为准则，都需按各自行业的行为准则来调适自己的行为。

2. 法学教育中职业道德的重要性

职业道德是全行业必须遵循的道德规范，是行业生存发展的必然抓手。法律工作者的职业道德水平直接体现了法律行业的专业水准，影响着公众对于法律行业的道德评价。法律工作者主观失范产生的报道在进入大众视野后，不仅会扰乱社会秩序，也会引发公众对我国法律行业的信任危机。对此，法律职业道德教育是当下迫在眉睫的课题。

（1）是高校的义务

我国的法学教育主要集中于大学，大学不仅是为学生提供专门教育的地方，同时也是对学生进行职业启蒙教育的地方。大学在传授法律职业道德的过程中扮演了举足轻重的角色，因此，大学应该承担起法律职业道德教育的主要责任。当前，大学的三大职能是培养人才、发展科学技术、服务社会，其培养人才的作用是其他组织所不能替代的，没有哪个组织可以比得上大学，只有通过对法律职业道德进行系统的培训，才能让大学生认识到法律职业道德的重要性，从而对自己的行为进行严格的自律。大学是社会的一个重要组成部分，它肩负着培养社会"高技术、高素质"人才的重任。

在西方，最初的职业道德教育是由教会、家庭和各种行业组织教育组成的。随着时代的发展和社会体制的变化，职业道德教育机构也逐渐向各个大学转变。虽然我国的职业道德教育起步不如欧美国家，但是，随着我国教育事业的发展和国家对法律职业道德的重视，法律职业道德教育在社会上的影响力越来越大。中国的传统教育方式是通过学校来教授知识，然后让学生学习各种知识。法律职业道德教育也是一样，大学生要自觉地进行法律职业道德教育，这是非常困难的。这就要求各高校要更加重视法律职业道德教育。大学生的法律职业道德教育，是法学教育的基础和关键环节。

与此同时，我国相关教育法规也对我国高校法律职业道德教育作了相关的规定。根据相关规定，高校除了对大学生进行专业知识传授外，还必须对其进行职业道德教育。同时，法律职业道德教育相对其他教育来说，是具有自身独特性的。高校对法学专业学生进行法律职业道德教育是对法学专业学生进行专业教育及素质教育的首要任务，也是高校职责所在，更是高校应尽的义务。

（2）是素质教育的需要

从中共十三大报告到十九大报告，均从不同的角度反复明确提出要提高教育质量，同时指出提高教育质量是教育永恒追求的目标，也是与时俱进，不断满足人类与社会发展的时代要求。如何提高教育质量？当前形成的共识是，提高教育质量的关键在于实施素质教育，即以知识教育为本向以素质教育为本进行彻底转变。

素质教育早已在我国提出。当今社会，全社会都在思考如何开展素质教育，全社会都在为实现素质教育而努力，但对素质教育的重视程度仍需提升。

职业道德教育是素质教育的重要内容，但由于素质教育的弱化，职业道德教育没有得到学校和学生的足够重视，因而也就无从开展职业道德教育。另外，要重视大学生进入社会后的职业道德教育，使之成为一种自觉的行为，只有这样，他们才能更好地走入社会，为社会服务。

高校对于大学生，特别是法律专业的大学生，不仅要重视专业知识的传授，更要重视学生的品德修养，使之立足于社会，为社会服务。法律职业道德和道德素质本质上是相通的，必须做到公道、诚实守信、注重礼仪、加强修养等，所以，加强法律职业道德教育已成为法学专业学生的必然选择。对法律工作者的培养对象，也就是对法律专业的学生进行职业道德教育，是我国高等学校的重要工作。一些大学尚未把职业道德教育提高到"必修课"的水平，法学专业的课程也寥寥无几，这说明大学对大学生的素质教育还不够重视。

在我国，高校是培养法学人才的重要基地，因此，高校要主动适应我国法律职业道德的要求，不断改革和健全人才培养体系，培养出符合我国国情的、德才兼备的法律专业人员，使法律教育与法律职业相结合。法律行业的神圣性质，决定了他们对高质量人才的需求，法学专业的学生在职业道德上会得到很大的提升，他们的素质也会得到进一步的提升，从而对自己的要求也会越来越高。因此，加强法律职业道德教育，是培养合格的法律人才的基础。

（3）是从事法律职业的需要

高校法学专业的毕业生大多会在未来从事与法律有关的工作，成为法律职业者。他们的职业素养将直接关系到我国的法治建设和社会的发展。因此，我国对法律职业道德教育的关注越来越多，有关部门颁布了《中华人民共和国法官职业道德基本准则》，对法律工作者职业操守高度重视，这也说明了法律职业道德是法学专业毕业生进入法律行业的必要条件。

良好的法律职业道德不是一朝一夕就能形成的，而是需要长时间的锻炼，才能融入学生的性格之中。培养适应当今社会的法律人才，必须做到既有专业知识，又有职业道德。法律工作者应具有较强的责任感。因此，在高校开展法律职业道德教育，是法律工作者职业生涯中必不可少的一个环节。

法学专业的毕业生要走上社会，成为一名法律工作者，就必须具备优秀的专业知识技能，还要有法律职业操守。法律职业道德不仅关系到法律工作者的个人能力，也关系到法律工作者的职业素养。个人的素质会对职业产生很大的影响，法律工作者可以为法律职业的发展做出积极的贡献。但同样的，也可以反过来。因此，加强法学专业学生的职业道德教育是其职业发展的必然要求。

（三）培养法律信仰

1. 法律信仰的概念

"法律必须被信仰，否则它将形同虚设"，美国法学家伯尔曼（Berman）在《法律与宗教》一书中的经典论述在我国引起了"法律信仰"的"暴走模式"。法律信仰支持者似乎有种久旱逢甘霖的畅快，也有种相见恨晚的感慨。"法律信仰"一词突然把压抑在心中良久的情感倾诉无遗，那么及时又那么恰到好处。那么我们必须认真思考什么是法律信仰？我们为什么需要法律信仰？

魏敦友教授这样说道："法律信仰到底是神圣的，还是理性的？到底是理性的，还是情感的？我们得到的回答仿佛是，它什么都是，它集中了一切美好的东西。……这使人不禁想起朱光潜先生对于一位美学爱好者对美学所下的定义的批判，美是一切美好的东西，可是美究竟是什么呢？"

对于法律信仰的概念似乎每个人都会有自己独到的见解，但似乎大家也都很难说清到底法律信仰是什么。这就像我们都喜欢说爱，但是很难有人能确切地表达出什么是爱。对于什么是法律信仰，只有准确把握了什么是信仰才能更加客观地理解法律信仰，不至于夹杂太多的功利色彩。信仰是内心的一种终极价值观，它具有神圣感、庄严感、使命感以及归属感。信仰的内容有很多，而法律信仰只是信仰广泛内容的一种，据此可知法律信仰就是人们对法律产生的极端的依赖感从而表达出的一种非理性的内心确信，是对法律的一种超出理性范畴的感情。信仰的产生并不必然伴随着宗教或政党的更替，但法律是国家的产物。这就说明信仰先于法律存在，那么我们又如何能够取代先前存在的非法律信仰而建立法律信仰呢？这就是我们所探讨的法律信仰培养的可行性。人们之所以需要信仰就是因为人的认识能力有限，我们需要信仰来连接已知与未知，带我们跨越二者之间的鸿沟。法律的特点在于它的明确性和指引性，所以法律体现更多的反而是它的现实性。那么在这种程度上法律作为一种现实存在何以成为信仰的对象呢？因此，"法律信仰"这个名词本身是有待商榷的。

2. 培养法律信仰的意义

（1）反映法学学科的固有特点

法律包括信念，因此，法学必然要对信仰进行研究。同时，由于其具有强大的生命力，因此，法学应当把重点放在对法律信仰的研究上。高等法学教育是研究如何配置和传授各种法学知识的专业教育，理应研究法律信仰的培育，而培养大学生的法治信念是其工作的重中之重。只有这样，才能促进法学的发展，促进法律制度的完善，从而推动社会向前发展。

（2）符合法学教育的内在要求

我国已经开始关注法学人才的精神信仰和人格问题，并且将其作为法学人才的首要素质，强调没有这一点，其他的都是空谈。法学专业的学生（法学人才）应具有尚法精神和正义观念以及刚正不阿的人品，应以社会公正为价值标准，要相信法律，要坚持法律的尊严，要忠实于法律，忠实于事实，惩恶扬善，清正廉洁，具有尚法的独特人格，做到一生的信念和职业活动必须用"正义"和"公平"来支撑和维系，这样才能够正确使用人民赋予的权力。法学人员应用手中的法律武器伸张正义，维护法律的尊严，维护公民的利益。

（3）推动法治实践的全面开展

在治理国家的方法上，有人治和法治两种不同的观点。人治是依靠贤人、智者治理国家，而法治则依靠法律来治理国家。法治是我国法制现代化的必然要求。亚里士多德第一次清晰地提出并阐明了法治的理念。亚里士多德在他的名著《政治学》中清楚地指出："我们应该注意到邦国虽有良法，仍然不能实现法治。法治应该包括两重含义：已成立的法律获得普遍的服从，而大家所服从的法律又应该本身是制定得良好的法律。"此后，亚里士多德的法治思想得到了历代思想家、政治理论家的普遍认同，并取得了压倒性的优势，后世的思想家和学者大多是围绕着"亚里士多德法治公式"展开研究的，他们根据自身的逻辑和认识，来诠释法治和"亚里士多德法治公式"。直到今天，"亚里士多德法治公式"仍然有其存在的价值，只是为了适应时代的发展而添加了一些新的要素。

（四）培养法律信任

1. 法律信任的概念

有的学者认为法律信任是社会主体在对法律所承载的保障人权、限制权力等公平正义价值认同的前提下，在以往对法律运行有效性的了解和熟悉的基础上，对现行法律制度的制度性承诺而形成的合理预期，在这种预期的指引下相信其他社会主体也共享该法律价值规范并与其在法律行为模式下互动而形成法治秩序的一系列社会行动。其实法律信任就是人们在与法律的互动过程中——当然这个过程是连续性的包括立法、执法、司法等，基于法律的实施实效所产生的，即使法律有缺陷，但是其仍然是可以相信和托付的一种法律主观感受。事实上法律信任是伴随着法律信仰而产生的，当法律信仰论者在摇旗呐喊、振臂高呼的时候，一部分学者辩证地分析法律信仰后提出了法律信任。然则是不是法律信任就是要取代法律信仰呢？我们在此不做评价，我们只能说法律信任有其无可替代的科学性与可行性，更适合我国法治发展的需求。

2. 法律信任的构成要素

（1）法律知识

法律知识是法律信任的基本要素，而法律信任是在法律知识的逐步积累中逐步形成的。法律知识不仅涵盖了现行法律的规定，还涵盖了基本的法律概念、法律原则、法律观念等。这并不意味着每个人都要成为一个职业律师，而是每个人要掌握一些基本的法律知识，至少不能对法律一窍不通。就像现在的许多学法律的人，虽然不一定精通所有的法律法规，但是他们遇到不懂的法律问题的时候，也不会手足无措。

法律不仅仅是一个专业学科体系，还是一个全人类共同的学科体系，我们每一个人无论专业、家庭、教育程度如何，都应当把法律看作一个基本的科目。正如我们要学习语文和数学，我们也必须学习法律。我们要读书，我们要学习语文；我们要计算，我们要学习数学；我们要与人交流，何不学习法律？只有对法律的基本知识有了科学的、系统的认识，才能为法律素养的培养打下坚实的基础。

（2）法律感情

仅有法律知识的人，不一定会在主观上相信和依靠法律。只有在不断地积累法律知识的过程中，人们才能逐渐形成对法律的感情，从而使法律在人们的主观意识中产生一定的影响，为人们培养法律信任提供思想保证。法律感情是指人们在心理上对法律的信赖。只有对法律有充分的认识，才能培养出对法律的感情。很少有人会相信一件不熟悉的事情，我们所知道的爱，要么来自与生俱来的血脉联系，要么来自后天的接触，但不管怎么说，这种信任并不是凭空出现的。这意味着，只有在掌握了一定的法律知识和一定的理解之后，人们才能对法律产生信任。

（3）法律意志

法律意志是主体在对法律产生心理依赖之后，进一步将这种心理感受强化成可以指导自己遵守法律的行为。意志来源于人的主观感受但比一般的主观感受更加坚定和稳固，并且这种经过强化后的心理感受需要外化为人的行动。根据意志的特性我们可以得知法律意志包含两个层面：第一个层面是主体希望遵守法律的心理状态；第二个层面是主体在尊重法律的心理驱使下所做出的守法行为。这个要素是对前两个要素的进一步发展，是对法律感情的进一步强化。如果人们对法律有感情，那么人们就可将内在的守法意愿外化为具体的行为，并且这种行为不会被外界轻易地影响或改变。

3. 法律信任的特质

法律信任作为当下最适合我国法治建设的情感，与其他法律情感相比自然有其不可比拟的优势，这些优势主要源于法律信任的特殊性。

（1）法律信任是基于平等地位的主观判断

平等是法律的基本属性之一，也理当是法律信任的应有之义。这里所说的平等是一种地位上的平等，即作为主体的人能够与法律进行平等对话，相互尊重。只有地位平等才可能有商量、质疑、批判的权利，地位平等下的协商才可能真正公平。法律信任允许人们质疑法律，如若制定的法律缺少公平、正义等应有的价值，那么我们可以修改甚至是废除这样的法律。法律信任正是基于这样的平等关系，将法律和人放在一个相同高度的平台上，没有一方可以无所顾忌地压制另一方，法律和人在社会的具体活动中需要考虑对方的感受和接受情况，而不是以自我为中心，忽视对方的需求和感受。

（2）法律信任是基于双方互动的主观感受

法律信任是人们在与法律之间通过不断的互动对法律的一种积极肯定的评价。信任的产生需要双方共同努力，任何一方的不作为或是消极作为都不可能产生真正的信任。当然信任的维持也需要双方的不断努力，信任不是一件一劳永逸的事情。如果交往双方有所懈怠，那么信任的瓦解也会近在咫尺。法律信任能够在人们与法律之间建立，需要双方共同努力。人们应该具备法律知识、法律情感，遵守法律，只有在这样的良性互动下，法律信任才能建立并且长久保持。法律信任决定了法律和人们必须时刻保持自己的积极性，为了维持自己与对方建立起来的相互信任关系就必须一如既往地认真、负责，否则就会使得来之不易的信任瓦解。同时，法律信任中的互动双方通过不断改进自身和纠正对方保证了法治的发展水平。

（3）法律信任是基于理性分析的主观评价

理性指能够识别、判断、评估实际理由以及使人的行为符合特定目的等方面的智能。人们通过论点与具有说服力的论据发现真理，通过符合逻辑的推理而非依靠表象获得结论。运用理性思维思考问题是对生命本身以及超出自身之外的社会负责。法律信任是人们通过立法、执法、司法等各个环节进行理性观察、分析、判断后得出的结论，这个过程是实际存在并且将继续存在的。法律信任在法律实践活动中建立，并且这份信任也将再次应用于法律实践活动中。理性分析下的人们清楚地知道法律的优点和缺陷分别是什么，以及哪些缺陷是可以被原谅的，而哪些缺陷是不能被接受的，这种情况下人们就可以客观地认识法律，防范法律缺陷带来的可能风险。比如，法律具有一定的滞后性，如果人们盲目信仰法律而不去理会法律的滞后性，那么人们在一个法律并没有涉及的领域活动就可能遭受侵害。法律信任得以产生是因为人们在理性认识法律之后对法律的优点和缺点均进行了客观的分析，在对法律的优点和缺点进行对比和权衡之后，由于肯定法律为人们带来的利益，所以愿意接受法律的某些不足，而不是不假思索地对法律进行无条件接受。法律信任之中的人们会理解法律的不足，并且在法律无力的情况下理性地寻求其他有效途径，在事后积极完善和补充法律。正是人们对于法律的理性分析使得法律具有了可以不断发展和完善的空间，具有理性分析性的法律信任会促进法治发展和进步。

（4）法律信任体现了人的主体性

法律作为调节社会关系的手段之一，具有工具性特征。法律是为人类社会生活服务的，法律体系建立的目的在于促进社会协调健康发展。法律信任正是将人作为主体，使人们以一种理性、辩证的眼光看待法律，清楚地认识到法律是协调社会关系的一种社会规范，充分承认法律在社会生活中不可或缺的作用的同时并没有将法律置于高不可攀的位置。社会多元化的今天，调整社会关系的手段也丰富多样，法律是调整社会关系的主要手段，但绝不是唯一手段。我们清楚地知道，法律不会是社会上的唯一调整社会关系的手段，但是法律是这个社会上最为重要的调整社会关系的手段。法律信任既可以充分体现法律的重要性，又不至于过分唯法独尊。

第二章　我国法学教育教学的现状

本章分为我国法学教育教学的现状分析、我国法学教育教学存在的问题两个部分。

第一节　我国法学教育教学的现状分析

一、法学教育机构

改革开放之前我国法学教育处于较为低迷期，法学院校较少，在发展较为低迷的时期甚至只有北京大学和吉林大学的两个法律院系正常招生。1977 年具备法学专业招生资格的院校仅有三所。改革开放之后法学教育进入繁荣期，迎来新的发展契机。

20 世纪初出现了法律人才需求和法律专业毕业生供给的矛盾，在供不应求的背景下，法学专业教育需要承担更多的历史任务，扩大法学教育范围势在必行。随后的法学教育中逐步增加了法学教育机构，为法学专业招生规模的扩大提供了硬件基础，同时也导致了法学专业教育的大众化。

教育机构的发展依托于经济基础，我国法学专业教育起步较晚，先天发展条件相对不足，发展速度较为缓慢，经历了漫长的积累时期，当前的教学机构实现了长足的发展，在数量和质量上都实现了突破。从数量来看，当前教育机构具备推广法律通识教育的条件，能够承担起法律意识培养和法律知识普及的大众教育任务，能够为我国法治社会的发展提供智力支持。从质量来看，当前的教育机构虽然整体的教学水平参差不齐，但是高水平的教育机构已经具备培养法律人才及输送法律精英的条件，能够承担起法学专业教育精英化的重任。

二、法学教育教学的师资力量

法学专业本科教育要获得良好的教学效果，就要有强大的师资力量。中华人民共和国成立初期，我们已经认识到要发展教育，就必须加强教师队伍建设，因此国家加大投入力度，通过各种途径强化师资力量。

教师质量和数量的提升是法学专业教育发展的前提和基础，教师队伍的发展壮大在一定程度上能够促进办学规模的扩大。

三、法学教育教学的学生队伍

法学专业的学生队伍是波浪式地发展壮大的，先是缓慢地发展，后进入衰退阶段，改革开放后进入稳步发展阶段。法学教育机构的发展趋势与法学专业学生数量的发展趋势是相统一的，法学教育机构也经历了从发展到衰退再到发展的过程，呈现出螺旋式的上升发展趋势。伴随着高等教育规模的扩大，更多的学生能够享受法学专业教育，在招生数量和规模上法学专业已经呈现出大众化的趋势。

四、法学教育教学的课程建设

我国高校法律院系的课程设置在初期比较单一，《各大学专科学校文法学院各系课程暂行规定》是中华人民共和国第一个由教育行政部门颁发的统一的法学专业教学计划，只有任务和基本课程两个部分，基本课程有 12 门。1997 年，教育行政部门确定了 14 门核心课程，各高校在课程设置上更加具有自主性，可根据学院特色和教师研究领域在核心课程之外开设一系列专门化的课程，以学校为中心逐渐向以学生为中心转变。当前教育部颁布的教学方案突出法学专业课，在课程安排上减少了高校的自主选择权，对课程安排较为确定和具体，统一了法学专业的教学模式。这在一定程度上可以均衡各高校的教学质量，但是同时也局限了高水平法律院校的发展。1980 年起国家挑选了大批专家学者开始教材的编写工作。这不仅填补了法学相关学科的空白形成了完整的法律体系，也结束了我国法学教育缺乏自己通用教材的历史。尽管教材的数量增速喜人，但仍存在着内容更新不及时、体例不合理等一系列的问题亟待解决。

当前关于法学本科课程设置及课程体系学者有不同的观点，大致可概括为如下三个方面。

（1）素质教育理念下的法学本科课程设置以素质教育为目的，寻求打通不同专业和学科的壁垒，培养学生成为知识面广、具有较强的交叉创新能力和学习能力的法学人才。其特点为：一是课程设置着眼于全面素质的提升，包括思想道德素质、科学文化素质、法学专业心理素质等；二是整合课程模块，让课程模块在整体上具有开放性，并使之成为培养学生为通才的有机整体。概而言之，课程结构体系就是要把人培养成全面发展的，既懂法律又懂经济，既懂外语又精通计算机操作技术的市场经济需要的人才。但是这种以培养通才的素质教育理念下的法学本科课程体系其缺点也很明显：一是单科性部门法课程多，重复性选择多；二是课程设置"通"而不"专"，课程设置与行业需求相脱节，实践型、能力锻炼型课程所占比例较小。

（2）行业需求理念下的法学本科课程体系强调课程设置要与法律职业资格考试相一致，凸显实践课程板块，要减少素质教育通选课程所占比例，进一步拓展基础理论和强化实务操作。从课程体系到课堂设计都要满足法学考试的需要，培养学生既精通法律规定和司法解释，又具有实际办案的能力。在实践课程的设置上要充分利用司法实务部门的法学资源，如法律实习和见习庭审进课堂等。行业需求理念实则反映了市场经济体制在法学教育上的内在要求，法学本科教育的目标、课程体系、教学安排等均以社会需求为导向。我们应随着市场经济的发展不断调整法学本科教育的培养体系，尤其在课程安排上不应当追求知识灌输最大化，而应以培养学生适应社会职业需求为目标。新行业需求理念下的法学本科课程体系在实践中存在着把法学本科教育等同于法律职业资格考试培训的倾向，使得法学本科教育存在急功近利的现象。

（3）以精英法治人才为培养目标的法学本科课程体系建设，强调对现有的课程体系进行调整以坚持问题导向的思路，领域法学思维是有效的工具。法律问题随着社会的发展越来越错综复杂，特别是在金融、税务、科技与知识产权、军事、体育、海洋、航空等重要领域交叉形成的新问题，是无法依靠单一部门法来解决的。领域法学思维就是尽可能实现学科的交叉和整合，通过交叉和跨学科的思维碰撞实现课程的优化设置，认为传统的法学本科核心课程可以分为"指令性课程"和"指导类课程"两大类，"指令性课程"是法学本科最为基础的课程，在法学本科教育中起着基石的作用，"指导类课程"是在教育部规定的课程范围内，各校根据自身实际和优势自主设置的，学生可根据兴趣自主选择。课程体系的这种改革既能优化课程结构，又能减轻学生学业负担。

第二节　我国法学教育教学存在的问题

一、法学教育的思想存在认知偏差

随着自身知识水平的不断提高，加之对现实社会的深入思考，学生逐渐认识到法律的价值。但学生又限于自身综合素质，有些想法不切实际，加之其内在法律意识相对淡薄及周遭不良社会风气的影响，导致部分学生对法治社会产生了不信任感，在法律实践中缺乏自觉性。目前学校尚处于以培养专业的技术型人才为主要目标的阶段，教师主要通过课堂讲授的方式来传授法律课程的理论知识。学校的法律课堂主要讲授法律的基础知识，受限于课时及教师自身法律素养，学生从中受益有限。在依法治国的今天，法律素养不但是衡量个人综合素质的重要方面，还是对现代青年大学生立足社会的基本要求。因此，学校培养学生法律素养有利于学生综合全面发展，体现了"依法治国"方针政策在教育领域落地生根。我们必须清醒地认识到现阶段学校法律素养培养工作在不断完善发展的同时，也存在不少的问题。

（一）学校认知

学校是培养学生法律素养的重要主体之一，学生法律知识的习得主要是通过学校的教育，但是当前部分学校对学生法律素养的培养不够重视。学校把培养学生的专业技能作为重点，部分学校以"掌握一技之长"为教学目标。对非法律专业的学生来说，其在校接受法律教育主要是通过"职业道德与法律基础"课程，除这门课程外，学校较少开设其他法律类课程。显而易见，部分学校对学生法律素养培养重视不够，没有把学生法律素养培养放在学生综合素质培养的全局来考虑，导致目前部分学校法律课程设置与法律实践活动都存在不足。

当前各学校都十分重视学生的道德与法律教育，但是与法律教育相比，道德教育更受重视，法律教育没有引起足够的重视，各校认为法律教育是道德教育的一部分的观念存在，专门、专业的法律教研机构较少，法律教育投入的人力、物力保障明显不足。部分学校也缺乏法律教育的持续性观念，认为学校的法律教育主要依靠半年的法律相关课程。法律相关课程课时设置偏少，往往也无法得到保证。在"职业道德与法律基础"课程中，法律课课时往往只有十几个课时，面对系统而庞大的法律知识系统，十几个课时显然是远远不够的。法律课程的经费不足使得法律社会实践课程开展往往缺乏必要的资金保障。

（二）教师认知

"志不真则心不热，心不热则功不紧。"法学教师对法律素养教育的认识不到位，将直接影响法律素养教育的效果。承担法律教育任务的部分教师思想观念上对法律素养培养工作的重视不够，自身法治意识不强，受传统固有教学思想的影响，加之教学任务重、精力有限，致使法律课堂只注重传播课本上的理论知识，而忽视了法律思维、法律能力的培养，导致学生实际接受到的法律知识有限。毋庸置疑，这样的状况不利于学生法律素养的培养。

部分法律教师自身存在不足，非法律专业的教师法律意识缺失。部分非法律专业的教师缺乏对法律体系的全面认识，教师对于法律知识的认知仅仅停留在对基本法律的基本认识上，这使得法律教育难以深入开展。教师自身法律意识淡薄，有待加强。部分学校非法律专业的教师主要是以个人身份、非正式的形式自主进行法律学习的。学校法律教师在非专业非正式组织的形势下，对于法律的学习积极性明显不足，从而影响了法律课程开展的质量。同时，法律教师通过非正式途径学习的法律法规一定程度上是不完整、不全面的，甚至存在一定的错误，这也影响了学校法律教育课程的开展。因为自身能力的限制，一些教师教学的内容和教学的手段也明显存在不足，教学内容不够生动，不能与时俱进，选择的案例往往不够典型，不能将法律课程的教学内容与学生的日常生活良好地结合在一起。部分学校法律教师不能运用QQ、微博、论坛等新型的手段开展法律教学。

（三）学生认知

1.学生法律思维培养的不足

法律思维是以法律条文为依据，按照法律逻辑来思考、分析和解决具体的法律实践问题的一种思维方式。法律思维既是法律人才必备的职业素养，也是维系整个法律职业共同体的意识要素。在法学教育过程中，有的教师往往忽视对学生法律思维的培养。

现阶段，我国法学院对于法学生在法律思维培养方面的不足表现在：首先，我国的法学教育虽然进行了部分改革，但在实际教学中，有的教师以阐述某个单一法条为主，仍然停留在知识灌输阶段，并未进行系统教学，也未形成培养法学生法律思维的教育理念。在法学教育中，对于法律知识的讲授是最基本的，但这并不能成为教师授课的全部内容。法学教育不仅仅是法条的教育，更多的应该是法律思维的教育、法律理念的教育。法条是时常在更新的，但法理一般是稳定的，而对法理的把控，则需要长时间地积累和实践，更需要一种体系化的思维方法。

其次，"灌输式"的教学方法也遭受了诸多非议。在课堂上，有的教师经常唱"独角戏"，法学生则是单纯听、记忆教师讲授的内容。我们不否认多数教师对自身所从事的领域的法条有着精辟的见解与分析，但这种教育方式造成的局面就是部分学生对理论知识的认知仅停留在基本的概念、规则上，对讲解内容一知半解，缺乏深入理解与感知，更不要说可以养成职业思维并在司法实践中运用。

最后，目前的校外实习无法达到提高法律人才的职业理性、进行思维训练之目的。实习期间，实习生的工作内容往往只是简单地写写裁判文书，实习的内容专业性不足，实习生较少接触核心法律实务工作。

2. 学生认知水平不高

大学生心志尚未完全成熟，极易受到环境的影响。加之有用论甚嚣尘上，致使部分学生在选择学习内容时以能快速地显现实用性作为标准。法律课程教学效果的滞后性决定了学生不能立即发觉自身的受益点，因此，部分学生看不到学习法律的实效性，从而降低了对法律课程的兴趣，学习的积极性不高，更有甚者出现厌学的倾向。学校要做的不是一味地灌输法律知识，而是应当引导学生提高对法律的认可度，使其认识到学习法律的重要性。毋庸置疑的一点是，强制灌输容易引发学生的叛逆心理，影响法律教学效果，不利于学校法治教育的开展、学生法律素养的培养。

部分学生自身认识和学习能力不足。大学生正处于学校与社会相衔接的关键时期，部分学生法律意识淡薄，对于法律知识的认知不全面。有的学生对法律持怀疑态度，认为法律在现实生活中作用不大，还没有形成尊重和遵守法律的习惯。部分学生学习能力不足，没有制订相关的法律学习计划，没有预习、复习的学习习惯，导致法律课程教授时效率不高。学习目标不明确，导致学生自主学习的动力不足，学习中思考不够，自主学习能力尚待加强。学生面对厚重的课本和复杂的语句时，往往不容易理解课本知识，容易失去对法律学习的耐性。部分学生日常生活中对法律知识的关注度比较低，通过电视节目、广播、网络对法律的学习也较少。这些情况都导致了学生法律知识获取不足，学习效率不高。

部分学生学习积极性不高。大学生还没有步入社会，很少认识到学习法律知识是自己生存和竞争的需要，很少认识到法律与其自身的关系，对加强法律学习重视不够。部分学生倾向于学习专业课程，在法律课程上的时间投入不足，逐渐形成了一种不良的学习方式，对于法律等非专业课程知识往往是考试前突击、考试后临时记忆和完全遗忘。

二、法学教育职业化和专门化程度较低

法学教育职业化是法治社会、法治中国建设的基础，法治化的社会、法治化的中国需要懂法、能用法的法律人才。而目前有的教师阐释一些较常用的法条内容时一般采用讲授法，这使得学生难以洞察实务和理论中存在着的本质差

距。因此，我国现在的法学教育培养模式其实是一种非职业化的教育培养模式。在全面推进依法治国的法治背景下，我国的法学教育也需要进一步发展、完善，为法治社会和法治中国的建设提供充足的智力支持和人才支持。

法学教育是职业化、专门化的教育，并不等于不需要开展通识教育，我们仍然要通过全面的教育来培养学生的家国情怀、社会责任感等。我们所倡导的法学教育职业化和专门化不是否定和颠覆当前的法学教育，而是在现有法学教育基础上进行修正、调整和改良，进而使法学教育更能适应法治社会、法治中国的建设。职业化的法学教育仍然要进行一定程度的通识教育和素质教育，进而进行传播通识性法律知识的大学教育。就其本身而言，职业化、专门化的法学教育肯定会在实现程度和发展阶段上存在一定的差异，但无论如何，职业化和专业化都是其发展到一定程度不可缺少的环节。当前中国的法学教育也正好走到了专门化、职业化的路口。最后，职业化、专门化的法学教育是一个开放的、持续的和不断向前推进的进程。职业化和专门化的法学教育从来没有，也不会排斥一切形式的改良和创新，尤其是把法教义学方法应用到法学教育中来。

对任何一门学问进行研究，都离不开方法的指引。教育作为传播学问的最基本途径，更应当关注方法论问题。方法论是人们认识和改造社会现象的有效工具。作为一种法学方法论，法教义学必定属于一种法律思维方式。法学教育在教学中对方法问题则更为关注。我国在法学教育过程中，对于学生实践能力的增强还存在一些不足，而法教义学正是以法学方法为核心范畴的方法论范式，其在法学教育的职业化、专门化改革进程和应用型法治人才培养中具有独特的优势。

我国目前的法学教育在"运用一定的法律方法来解决理论知识和法律实践之间的矛盾"方面存在一些不足，所以我们可以把法教义学应用到法学教育教学过程中。法教义学为法学教育的职业化和专门化提供了新的视角，可以逐步增强法律人查阅法律法规、法条信息的能力及分析案件事实的能力等，并为法律人提供一种体系化、稳定化的法律思维模式，以此作为我国法学教育的职业化、专门化改革的理论依托，推动我国法学教育长足进步与发展。

法学教育的根本目标是培养兼具扎实的法学理论知识与一定的法律实践能力的法律人，而法律人才培养的根本目标则是法律规范性思维能力和法律方法论的培养。法律人才的培养目标与法教义学的内涵及其功能，特别是它的实践品格不谋而合，为法律人提供了一种富有普适性、稳定性、规范性的思维方法。由此，法教义学能解决我国法学教育职业化和专业化过程中遇到的瓶颈问题，可以把此方法运用到我们具体的教学实践活动中，进而形成一种更加系统化、互动性更强的法学教学方式。

实际上，正是由于法教义学的法学教育，通过解释原则的研究和体系化的工作，给法律人提供了一种发现问题、分析问题并解决问题的有力工具，同时也带给我们一个看待法律问题、分析问题最终解决问题的全新视角，减轻了法律人分析案件事实和解决法律问题的压力，维护了法律规范本身和解决具体问题方法的系统性和稳定性，影响着法律人分析问题、解决问题的方式和道路。

法律实践本质上是一个内外结合、不断向前推进的进程，之所以说法律实践是一个内外结合的进程，这主要是因为法律思维无法避免主观性的价值判断。当我们将具有自己一定主观性的价值判断纳入法教义学给定的体系化、稳定性的实践中，法律人的主观意愿才有可能得以限制。也就是说，我们在运用法教义学方法思维处理具体的案件时，也必须做到以一个国家现有的法律规范为前提，然后借助其去找到具体案件事实与某一抽象的法律规范的联结点，然后经过一系列分析、解析、说明等工作，进而最终得出裁判结论。

在生活中，法学教育并不仅仅满足或停留在其要告诉人们法律规范及其所对应的法律秩序本身"是什么"，更是在告诉人们"为什么是这样"。法学教育对实现兼具理论知识与法律实践能力的法学教育的根本目标具有重要意义，它也是实现法学教育的职业化与专门化的关键一环，对法治社会与法治中国的建设更是具有不可比拟的意义。

三、法治人才培养缺乏市场导向

法治人才缺乏市场导向的一个显著表现就是法学毕业生就业市场表现疲软。随着法学院校数量的不断增加，招生人数的上涨，法学毕业生就业问题凸显，法学一度成为文科"最难就业"学科之一。从新中国成立初期入读法学院校等于直接包分配，法学专业一度成了众人眼中的"香饽饽""铁饭碗"，到改革开放后高等院校实行并轨招生，法学不再包就业，再到现如今法学成为就业较难的几大专业之一，法治人才培养缺乏市场导向是关键。

（一）法治人才培养自我调整的滞后性

当法治人才培养完全纳入市场机制的调整中时，市场固有的滞后性就会显现。首先，由于市场自我调整机制是一种事后调整，即在供需产生变化后，供应方才会根据需求的变化做出调整。而从供需变化到价格显现，再到决定调整，再到投入市场，这一个过程与市场的快速变化是相悖的，所以虽然市场具有及时性，但生产者生产是需要周期的，周期内市场发生变化就会导致产品滞销，从而导致产品积压。

法治人才的培养同样具有周期性，法学本科生的培养一般为 4 年，硕士研究生根据类型的不同培养周期在 2～3 年，博士的培养则更久，而市场的变化是难以预估的。学生入学时的培养方向和就业目的，等到了毕业时可能已经发生转变。

法治人才的培养不能一味地跟随市场的变化而调整法学教育模式，这与法学自身稳定性的学科特点不相符。法律本身要求稳定性、可预测性从而起到规范行为的作用，而市场的本质在于效率，即在单位时间内的最高产出。此外法学教育的特点就是教育周期较长，在法学还是学徒制培养的时代，一名学徒需要跟随律师或法官观察学习 5～7 年。现代大学式的法学教育将法学知识学习与法律技能学习相分割，在大学中主要注重法学知识的学习。但正如霍姆斯（Holmes）大法官说的那样，"法律的生命在于经验"，一名法学毕业生需要时间去践行他所学的知识并将其与理论相结合。市场机制的特点在于效率，效率就在于对于变化能迅速做出反应，这也与法学教育的自身特性相冲突。

（二）法治人才培养趋利的盲目性

经济基础决定上层建筑，改革开放的不断推进和市场经济的深入发展也带来了许多西方的思想文化，在大学教育这一领域中比较突出的就是功利主义教育思想。刘作翔教授曾言："近年来，在实用功利主义学术思想的影响下，加之中国传统文化中的'学以致用'的深厚积淀，一切都追求有用性，而这种有用性又具体地阐释为对社会生活和社会实践的功效，有时甚至就等同于经济效用。这种思潮不加区别地要求一切学问、学术、学科都要为实践服务。"功利主义认为高校并非象牙塔，学生应接受实践技能和科学知识的学习。我国的法学教育经历了从无到有、从凋敝到繁荣的过程，开设法学专业的学校越来越多，法律工作者的队伍不断壮大，我国法律人才的后备军也越来越充足，这就导致社会竞争日趋激烈，法学生的毕业压力增加，因此，让学生在最短的时间内最大化学习法律知识和技能，就成为许多法学院的选择。

第三章　国外法学教育及其对我国的启示

本章分为德国的法学教育，日本的法学教育，美国的法学教育，英国的法学教育，国外法学教育对我国的启示五个部分，主要包括德国法学教育的兴起、改革，德国法学专业教育及法学教育的特点，日本、美国法学教育现状及特点，英国法学教育完整的体系、法学本科教育、律师事务所实习等内容。

第一节　德国的法学教育

一、德国法学教育的兴起

在德国大学诞生以前，德国的教育机构多是由教会组织举办的修道院，他们的教学主要是传授神学，而教规（修道法）是其中的一部分。到 14 世纪初，德国留学生们纷纷返回祖国，受欧洲国家法律界的影响，德国留学生在欧洲学习时，迫切需要在国内建立自己的法律体系。布拉格大学是德国第一所由教会主教和统治者组成的学校，其后又成立了维也纳大学。自那以后，一系列的大学相继在德国成立。有些大学是封建领主创办的（例如海德堡大学，莱比锡大学），还有一些则是由帝国自治市所创办，如科隆大学、埃尔福特大学等。但是，这些学校都是由教宗或主教批准的，有些学校还必须取得封建领主的建造许可证和国王的特别授权。

波伦亚大学在意大利的发展模式深深地影响着德国的高校。但是，德国大学和波伦亚大学不同，它是由学院构成的法科大学。波伦亚大学是一个由学生组成的小组，负责管理学校的教学和行政工作，德国大学的这些权力都是由学院来执行的。在德国，文学学院是最基本的，而神学院、医学院和法律学院是高等学院，学院院务会委员由教授、副教授和具有博士学位的教师组成，委员有权选举院长和校长。德国的法学院一般都有罗马法和修道法，但埃尔福特大学是一个例外（根据以上两种法律，这所大学分为两个学院）。德国大学的资金和教师工资都是由教堂提供，而非政府或当地组织。可见，留学回国的学生在德国高校中起到了重要的促进作用，他们将从法国和意大利等欧洲的大学中吸取的经验应用于德国的大学，所以德国的法律教育和欧洲的法律教育如出一辙。

中世纪德国法律教育和欧洲其他高校一样，都是以法律教育为主。德国大学成立之初，法律教育就是其中的重要组成部分。波伦亚大学对德国的法律教育产生了深远的影响，并对罗马法律文化的继承起到了重要的促进作用。德国大学在创立初期，教授们都是在国外学习过的法律博士。即便是 15 世纪之后，德国的大学已经步入了正规的轨道，但为了提升自己的学术水平，他们还是会从海外聘请一些著名的教授，到德国任教。

在中世纪的德国，法律学校是高等学院的一部分，法律学校的毕业生一般都是在进入大学之前就取得了文凭。在德国大学，一般将法学课程分成两个阶段：本科阶段，硕士学位期。第一个阶段通过后可以进入下一阶段，而在第二个阶段，完成了课程并且通过了测试，就可以拿到硕士学位。在这两个阶段，学生们将会学到和波伦亚大学一样的课程。本科和硕士的考试方式大体上是一样的，不同的是，本科的学位证书是由校长颁发的，而研究生的学位证书则是由学校的院长颁发。研究生毕业后，可以继续进行博士课程。在博士阶段，研究生无须修学分，而博士论文则是取得博士学位的关键。由于博士学位的严格要求，要取得博士学位就必须进行一些学术上的创新。一般而言，拿到硕士学位就等于完成了大学法律教育，而法律博士仅仅是对更高层次的人才的培养。在学校就读的时间，因年代和学校的需求不同而有所不同，而且每年的课程时间也不尽相同。自德国大学成立以来，它的法律教育一直肩负着罗马法律的传播与复兴的重任。

中世纪德国大学的课程设置与波伦亚大学一样，分为两个部分：一是必修，二是选修。必修课程通常由教授开设，授课方式与波伦亚大学是一样的。老师首先阅读原文，然后再加以解释，由于缺少教科书，学生常常要一个字、一个字地抄录。在教学内容上，除《罗马法》外，还有意大利注释法学派的注解。选修课程是由博士研究生授课，即使是只有本科学历的学生也可以参加。选修课以诏书、古文、经文等专题研讨为主。法律专业的初学者除了要上必修的课程之外，还需要进行专题研讨。本科生毕业后，通常会听两年半的课程，再由自己来开设一年的专案。德国的法律教育，并不是为了培养法律工作者，也不是为了培养法官。中世纪德国的法律教育与意大利、法国等国家的法律教育有很深的联系，而欧洲大陆的法律文化传统也是如此。

二、德国法学教育的改革

德国法律教育的学习时间长，内容多，要求严格，培养的是具有坚实理论基础的人才。但是，随着经济的发展，以及欧盟成员之间的激烈竞争，其非营利的教育目的逐渐与现实脱节。德国对法律教育的改革提出了很多建议，尤其是律师们对以法官为核心的教育方式表示了强烈的不满。大多数法学专业的学生都选择了从事法律行业，但是他们接受的职业辅导相对较少。此外，由于全球经济的发展以及欧洲的一体化，欧盟各成员国相互承认各自的法律教育背景，而德国法律教育中对法律关系国际化的内容的关注不够，这方面的内容有待进一步丰富。这是德国自2002年起法律教育改革的重要原因。自《法学教育改革法》颁布以来，德国法律教育经历了一系列的变革。

但在实践中，"以法官为本"的教育模式并不是很好。由于法官职位的稀缺，大部分法学专业的毕业生都会选择其他的职业，而以律师为主导的其他职业则是他们的主要选择。随着经济和社会的发展，"统一化法律人"的培养模式已经显现出了明显的缺陷，对培养对象进行重新定位是当务之急。

2003年，《法学教育改革法》开始实施，其中提到"培养具有全方位工作能力的法律人"。"具有全方位工作能力的法律人"这一概念的提出，表明了德国法学教育的培养目标开始发生转变，由培养法官转变为培养在任何一个法律职业领域都具有专业能力的法律人。《法官法》规定法科大学生必须选修以外国语进行讲授的法学课程或者以法律知识为主要内容的外国语课程。

三、德国法学专业教育

德国高校既强调学术研究，也重视人文素质教育，其教育的出发点为传授法律知识，培养法学思维，倾向于培养通才型的法律人才。德国法学专业教育理论与实务的结合很紧密。

从法学教育模式来看，德国法学教育的职业训练色彩非常明显，采用的是双阶型模式，将"学术教育"和"职业教育"相结合，即法学教育包括大学研习阶段和职业预备阶段，每一阶段结束后，要分别进行第一次考试和第二次考试，在第一次考试前的大学研习阶段，德国法学教育的目的是奠定学生的法学理论基础，教学内容也主要以理论知识为主，在第一次考试后的职业预备阶段，德国的法学教育主要是为了培养学生的法律职业能力和司法伦理道德。德国法学教育兼具职业性和学术性，在课程设置上，不仅包括法律专业课程，也包括大量的人文学科课程，在教学方法上主要包括教师讲授、小组研习、案例演习等形式。

从德国的法律职业准入条件来看，德国的考查模式相当严格，分为两次国家考试，学生达到规定的学习年限后，可参加第一次国家考试。第一次国家考试分为笔试和口试两部分，主要目的是考查学生对法律的理解、掌握和应用的程度。笔试包括应试和论文两部分，在达到平均分后，可申请口试，皆达标准的应试者可取得第一次国家考试的通过证书，第一次考试通过率为60%～80%。目前经过考试制度改革，第一次国家考试被分解为由大学自行组织的大学考试和由国家举行的国家考试两部分，改变了过去大学教育与国家司法考试脱节的局面。第一次考试通过后，学生进入到职业预备期，此阶段极大地弥补了实践经验不足的问题，将理论与实践相结合，为蜕变为法律职业者做准备。预备期结束后，面临第二次国家考试笔试和口试的检测。相较于第一次国家考试，此次考试在内容上更加具有针对性，提高了州法的考查比例，旨在挑选知识、品行和能力皆符合优秀法律职业者标准的学生。两次考试，考生都有一次重考的机会，若第二次仍未通过，则意味着该考生将无缘法律职业。德国大学毕业生能够在严格的司法考试检测下合格并最终担任法官的比例仅有15%，由此可见德国法律职业准入的严格。

第二节　日本的法学教育

一、日本法学教育现状

日本的法学教育理念在二战前后发生了本质的变化。战前存在帝国大学（官学）与私学，行政官员、司法官员（法官及检察官）与律师之间的社会地位完全不同，法学教育制度也确立了为不同阶层服务的目标。战后法学教育剔除了主要为官僚阶层服务的弊端，确立了新制大学的法学教育为国民服务的目标。这种新型的法学教育在普及法律学的基础上，以培养具有法律素养的市民阶层为目标，通过设置范围广泛的课程，讲授基本法律知识，培养市民基于公平与正义这一原则的法律思考能力。可以说战后的日本法学教育不是为了培养职业法律家，而是为了提高日本社会的法律素养。

二战结束后，日本的法律教育固然为国民法治素质的提高做出了巨大的贡献，但其弊端也越来越明显。大学法律系的办学宗旨是为各行各业提供具有法律知识的人才，而在法律系的基础上，法学学院（包括法学硕士和博士学位）

的主要任务就是培养法律专业的研究人员。日本的司法考试及格率不高，日本的法学家数量是世界上最少的，而日本的律师数量是最多的。

二、日本司法改革下的法学教育

20 世纪 90 年代是日本战后的衰退期，当时的自民党为了重振日本的经济，采取了一系列的政治、行政、司法、地方自治等改革措施。日本政府于 1999 年 6 月设立了司法制度改革审议会，因此，司法体制改革是这方面的一个关键环节。审议会于 2001 年 6 月将《司法制度改革审议意见书——支撑 21 世纪日本的司法制度》（以下简称《意见书》）的最后报告递交给了内阁。日本政府于同年 10 月颁布司法制度改革推进法。

（一）法律职业培训制度改革

日本司法改革下的《意见书》就日本当时的司法体制进行了改革，首先提出了改革体制要注重人才的培养。日本司法体制要从根本上进行变革，首先要在质与量上强化"法曹三者"（法官、检察官、律师）。

从实质上讲，21 世纪的法律工作者不仅要有丰富的人性、博学的知识、灵活的头脑、说服和谈判的技巧，而且还必须对人类和人类的关系有很深的洞察力。就数量而言，日本在司法考试、司法进修上门槛很高，法学家的数量相对较少，已不能适应社会对司法的需要，因此，要对当时的法律教育体系进行改革，以增加法学家的数量。

（二）日本法科大学院制度改革

日本法科大学院的体制特点是仿效美国法学院，在教授法学理论的同时，也注重实务教学。法科大学院作为理论和实践教学的桥梁，引进了临床法律教育，以培养未来法律工作者必须具备的实务和应用技能。

日本法科大学院目前开展的临床法律教育主要有：①法律咨询（学员在有实际经验的法律顾问的指导下进行分析、提供法律咨询等）；②实地实习（学校与法科大学院的学员进行联系，到法律事务所、法院等地进行培训）；③模拟教学（以真实案例为材料，通过模拟调查、谈判、审讯等方式进行的教学）。

三、日本法学教育的特点

在经历了十年的泡沫经济之后，日本对原本有效的体制失去了信心，加上全球新自由主义的兴起，日本政府采取了一系列的改革措施，以模仿美国的社会和经济体制。在小泉内阁领导下这场改革达到了顶点，它以推行以新自由经济为基础的日本社会的一揽子改革方案为标志。日本的司法体制改革，恰恰与全球化时代的来临相适应，法律教育和法律培训体系的改革就是其中的一个重要内容。事实上，英美法系的法律培训体系在继承了传统的大陆法系之后，就出现了一些矛盾。然而，无论这种仿效美国的法律专业训练体系对日本律师的国际水平有多大的提升，新的法律体系对日本社会结构产生的影响是毋庸置疑的。

法科大学体制的实施，使日本大学从纯粹的学术研究转向注重实用性，这会加剧法科大学的竞争，从而加大学校的实力差距，从而吸引更多的学生进入更强的大学。另一方面，因为法科大学的费用比普通的法律研究型大学要高，一些家庭条件并不好的学生，将不得不放弃从事律师行业，从而使日本的律师专业人员更多地聚集在富人群体中，而这也会对战后日本中产阶层所构成的社会结构造成一定的冲击。

日本早期的法律教育机构源于英式的法律教育，以私立学校为主。经过长期的发展，日本的法律教育也有其自身的特点。一是具有一定的政治属性，强调爱国主义教育，对日本天皇的尊敬仍然与法律教育相结合。二是强调价值观和集体主义教育。三是确立了终身学习的思想，20世纪80年代，随着经济的快速发展，日本多次修改了《宪法》和《教育基本法》，出台了《终身学习振兴法》，使公民保持了终身学习的好习惯。四是重视社会环境建设，重视图书馆、文化站、电影院等文化阵地的建设，运用新型网络手段做好中等职业学校在校学生的法律教育。这些都值得我们借鉴和参考。

第三节　美国的法学教育

一、法学教育系统

美国的法学教育模式以法学专门大学院中的教育为主，一旦结束法学专门大学院的课程就应参加各州实施的律师考试，然后进入法律界。美国的教育年限与其他国家不同，只要通过3年的单一课程就能成为法律人。美国的法学教育模式与前面提到的德国模式不同还表现为，法学课程不是通过政府主导来形成，而是通过私立大学或州立大学及设立法学专门大学院的大学自律形成。如果把德国的模式视为官僚主义模式，那么美国模式是可以视为自由主义模式。

美国和德国法学教育系统之所以不同，根本原因是两国的法律传统不同。

虽然美国的法学教育模式是自由式的，但是只是其侧重点不同于德国。其实，美国的法学专家们并无忽视法学理论的意图。那么美国的自由主义模式是怎样进行统一的法学教育，怎样维持法学教育质量水准的呢？这些问题的解决也不是由州政府、联邦政府、法院来主导的，而是由作为非政府组织团体的美国律师协会和美国法学专门大学院协会来主导并维持法学教育的统一性和高质量水准，这是美国法学教育最显著的特征。与德国的教育体制不同的是，美国的教育体制是以私立大学为主导的，每年公布大学的排名，大学间存在竞争，通过自律地竞争提高质量水准。

美国模式最大的优点是能适应社会的需求。德国模式以培养裁判为基准，但是美国的模式则不同，美国的基准是培养律师。美国法律人培养模式的特征是自律性高，它是各领域之间具备有机的、紧密的关联的系统。

二、法学教育目标

美国学校法学教育的目标是培养美国公民的法律意识，实现价值认同。通过法律知识的教育和价值观的传播，使学生成为具有法律意识、拥护和积极参与民主宪政制度的公民。美国的法律教育具有以下三个特征。

一是突出了学生法律教育的政治和理念属性，能够较好地满足社会的需要。通过对学生的法律教育，将"自由""民主"等核心价值观念传授给美国青少年。同时，我们国家也应该更加重视对学生公民意识和爱国主义的教育和培养。

二是美国的法律教育开始较早，学生法律基础较好。在美国，大多数州已经在中小学开设了法律教育课程，而我国的中小学更倾向于基础学科知识教育，涉及法律教育的内容相对较少。

三是美国学生法律教育的社会氛围良好，美国社会对于学生的法律教育有着较高的参与度。法律在公民社会生活中的作用比较明显和突出，因而法律知识学习的重要性也得到家庭、学生的高度认可。

三、法学教育方法

（一）案例式教学

美国的案例式教学主要以教授进行讲课为主，美国的法学专门大学院采取的是讲课和练习相结合的教学模式。美国法学专门大学院的教授在讲课时用的教材主要是以判例和评论来构成的。

这种方法被视为是拥有大量的法令和判例的国家才能使用的培养法律家的方法，其理由是只有选择适当的判例来集中地教育及训练学生，才能提高学生对法律的理解能力和应用能力。学期末要用复合式的案例来测试，使学生从自己的科目中分析及理解几百个判例，从而熟悉各实证法领域的概念和推论方法。

（二）诊所式教育

1.诊所式法律教育概念

"诊所式法律教育"（Clinic Legal Education）作为一种新式法学教育方法，于 20 世纪 60 年代在美国法学院兴起，也被称为法律诊所教育。该教学方法自出现便在美国法学院展现出强大的生命力，几乎所有学院都在教学过程中或多或少地应用诊所式法律教育方法。从 2000 年开始，在美国福特基金会的支持下，北京大学、清华大学、复旦大学、中国人民大学、武汉大学、中南财经政法大学、华东政法大学 7 所高校开设了"法律诊所教育"选修课程，开启了诊所式法律教育在我国的实践历程。

美国学者罗伯特·科德林（Robert Cordell）认为诊所式法律教育是"在律师或法学教师的监督下，在学生实际办案的过程中，培养学生处理人际关系的技能及职业伦理观念"。山东大学法学院教授刘加良在《法律诊所教育研究》中对诊所式法律教育做出如下定义，"法律诊所教育，又称临床法学教育，是指参照医学院的诊所教育模式，在法学院建立法律诊所，教师指导学生在法律诊所中为当事人提供法律咨询服务，诊断案件所涉及的法律问题，提出解决问题的法律对策，进而为当事人提供法律服务，在司法实践中学习和掌握法律实务技能"。中国人民大学法学院诊所法律项目负责人甄贞在《一种新的教学方法：诊所式法律教育》中将诊所式法律教育定义为"它把医学院学生临床实习中的诊所式教育模式引入法学教育，让学生在一个真实或虚拟的法律诊所中，在教师的指导下通过代理真实案件，亲自参与诉讼活动的方式来认识和学习法律，同时为委托人提供法律咨询，'诊断'他们的法律问题，开出'处方'，为他们提供法律服务"。以上对诊所式法律教育概念的表述方式虽略有不同，但实质相同。诊所式法律教育是指借鉴医学院学生在医疗诊所临床实习的做法，法科学生在教师的引导与帮助下，依托法律诊所为真实案件的当事人提供法律咨询服务，诊断案件涉及的法律问题，提出法律对策，进而提供法律服务，在此过程中提高学生法律职业技能、培养学生法律职业素养。

2. 诊所式法律教育特点

从诊所式法律教育的概念出发，诊所式法律教育突出实践性，兼顾理论性，让学生在真实的案件环境中为当事人提供法律服务，学生是一个真实案件的参与者。诊所式法律教育有别于传统法学教育，有其独特的特点。

（1）以学生为中心

在传统法学教育课堂中，教师是课堂的主导者，由教师把握课堂的节奏及学生所要学习的内容。在诊所式法律教育课堂中，学生由一个被动的听课者转换为一个主动的办案者，所有课堂教学均以处理学生所承办的案件为中心，教师只起到引导及帮助的作用，让学生能够充分发挥主动性。诊所式法律教育让学生成为法律学习课堂的主人，学生在课程中自行查找线索并思考，自觉地将法学专业知识转化为实际解决法律问题的工具，在此过程中增强职业责任感。

（2）真实性

诊所式法律教育的另一特点则是真实性。学生在诊所式法律教育设置的真实场景中，所使用的案例为真实的正在发生的案件，所面对的当事人、证人、对方律师、法官等均是具有真实身份的，所经历的过程也是真实的，而不是模拟的。

（3）实践性

诊所式法律教育突出实践性。在诊所式法律教育课堂中，学生从会见当事人、了解案件情况、收集证据、进行法律分析、起草法律文件等方面参与案件处理的全过程，并在会见、调查、沟通、调解、诉讼等方面获得法律职业技巧。诊所式法律教育能够培养学生对法律问题的判断力和解决法律问题的方法与技巧，能够培养学生的法律职业责任心及应变能力，规范学生的法律职业行为。

（4）应用性

诊所式法律教育在促进学生将法学理论与法律实践相互结合方面进行了有益的探索，诊所式法律教育要求学生将法学理论应用到法律实践中。

首先，应用的前提是学生需要全面学习法律专业知识，增加学生法律知识储备。

其次，诊所式法律教育教学内容的设计亦具有应用性，且有其自身的教学规律与教学手段，能够教给学生对法律问题进行"把脉问诊"的方法与技术，使学生熟练掌握法律规范应用方法。

最后，诊所式法律教育让学生在应用法律知识解决法律问题过程中，当面对新情况和新问题时，能够始终充分发挥主动性、积极性，不断完善自己的知识体系以解决问题，最终提升学生分析法律问题与解决法律问题的技能与素养，提高学生的法律应用水平。

（5）开放性

在诊所式法律教育中，学生需要为当事人提供法律服务，学生必然会与当事人、证人、对方律师等进行接触，在此过程中学生能够学习经验，提高法律职业技能。这就决定了诊所式法律教育提供的是开放的环境，学生所接触的人和事亦是开放的，而不是封闭的。同时，开放式的诊所式法律教育，不仅能够让学生向老师学习，也能够促进教师与学生之间的互动交流、促进学生之间的相互学习，培养学生团队协作能力。

（6）评价体系多元化

诊所式法律教育拥有较为多元的评价体系，包括学生自我评价、社会评价、学生案件小组内互评、教师评价四部分。由于学生在诊所式法律教育中面对的是开放的人和事，学生在承办案件过程中的成败得失、当事人满意度、教师与其他学生提供的整体评价等，均会对诊所式法律教育的结果产生影响，仅靠传统的考试评价方式无法全面衡量学生在诊所式法律教育中的表现，因此必须由不同角色从多个角度对学生进行综合评价。

3.诊所式法律教育的基本原则

（1）以学生为主

学生参与法律实践是诊所式法律教育的核心。学生是诊所式法律教育的主体，诊所式法律教育必须坚持以学生为主的原则。

首先，学生是案件的承办者，是法律问题的分析者，是法律文书的撰写者，要发挥好主体的作用。在此种情形下，教师更应努力扮演好组织者、引导者、辅助者的角色，加强对学生在学习过程中的引导和帮助，促进学生更好地学习。

其次，诊所式法律教育课程的内容应根据学生在提供法律服务过程中遇到的实际问题而变化。

最后，在诊所式法律教育中，教师要让学生发挥主体作用，激发学生的主动性，培养学生自主学习的能力。学生在一开始面对真实案件时的兴趣会很高，但是这种兴趣可能会因为案件难度、办案过程枯燥，以及学生尚未形成较强的法律职业责任感而逐渐消失，因此教师要激发学生学习的积极性，积极营造良好的课堂氛围，提高学生的主体意识。

（2）实践性原则

"真案真做"，诊所式法律教育要求学生立足实践。一方面，学生需要会见当事人、了解案件情况、收集证据，进行法律分析、与其他当事人接触、起草法律文件等。在这一过程中，学生的语言表达能力、法律分析能力和文书写作能力等多方面能力都能有所提升，且由于真实案件过程中的利益博弈、案件的最终结果均会影响当事人的利益，所以学生做出的选择与决定对学生的法律职业素养的形成也会产生直接影响。另一方面，学生在提供法律服务过程中，通过分析实际问题，能够加深自身对法律专业知识的认识，提高自身法律知识水平及法律实践能力。

（3）经济性原则

由于诊所式法律教育要求学生在真实环境中面对真实的案件，因此需要学校提供办公场所、基本的办公用品等硬件设施设备并配备相关的人员，而学校作为政府拨款的事业组织，其资金有限，诊所式法律教育环境建设需要用最少的资源消耗服务最多的学生，这就需要做到以下两方面。一方面，要科学制定环境建设方案，减少浪费，用最少的投入取得最好的效果；另一方面，要将办公桌、办公电话、办公电脑以及接待人员等配齐配全。这样就能在有限的资源条件下，提高诊所式法律教育设施设备的利用率，更好地为师生服务。

（三）美国高校法律职业伦理教育

美国法律从业者很早就将目光投向了职业伦理。早在 1887 年制定的《亚拉巴马律师法典》中就以明文形式体现了职业伦理关系。《职业道德准则》是全美律师协会最早制定的法律职业伦理规范，该规范共有三十二条，当时并没有引起人们的普遍关注，仅仅类似于法律职业团体的一种承诺和宣誓，是一种精神象征。《1921 年法学教育标准》使美国的法学教育标准初见雏形，这一范本只有短短一页半纸张，却实实在在被全美律师协会遵守和执行了半个多世纪。直到 1973 年通过《法学院批准标准》，法律职业伦理教育在美国高校中的定位才最终明晰。这些规则都没有强制要求法学院开展职业伦理教学工作，直到"水门事件"将许多德高望重的法律人卷入其中，才使得社会各界正视法律职业伦理，强化法学院的职业伦理教育成为大众的呼声。众望所归之下，"标准302（a）（iv）"和"标准 302（b）"出台了，这在美国法学教育史上具有里程碑式的意义——法律职业伦理成为法学院必须开设的课程，并且全美律师协会还会定时考察课程执行情况。

和 1985 年相比，1994 年美国的法律职业伦理教育工作逐步得到强化，尽管开课比例变化不大，但美国高校对这门课程的重视程度明显提高。美国高校的法律职业伦理教育有两个方面值得我们借鉴和学习。首先，就是上文所说的，律师协会授权的各大高校均开设了"法律职业"相关课程。有些法学院在"法律职业"课程的基础上，另行开设了"法律和道德""法律职业伦理"以及"律师失职行为"等与法律职业道德相关的课程。在美国，法学生接受职业道德教育是理所当然的，法律职业伦课程是否有开设的必要，已经不再是争论的焦点，人们把更多的目光投向教学方法和考核方式。其次，为了使上述核心的职业性课程的开设目的与预期效果相匹配，美国各法学院对于法律职业伦理程的任课教师尤为重视，安排专职教师教授法律职业伦理课程。这些教师一般是专门研究法律职业伦理问题的专家或学者，有些经验丰富的执业律师也会被聘任为讲师。在授课过程中，教师有充分的教学自主性，可以自行决定授课方式而不受固定教材的束缚，如以案例为中心、以道德情景为中心，甚至以团队协作为中心的教学方式都有可能被采用。

第四节　英国的法学教育

一、法学教育形成了完整的体系

经过各方面的努力探索，英国的法学教育形成了自己完整的体系，其从时间上分成三个阶段，即基础教育阶段、职业训练阶段和实习阶段。基础教育是在大学本科阶段进行，主要进行基础理论学习。通过学习，学生可以基本掌握英国法律制度的基本框架、基本原理，理解英国法律的基本精神，为将来从事法律职业做好学术铺垫，而职业训练阶段和实习阶段则主要进行法律实务训练。

二、法学本科教育——培养学生职业性

尽管法律本科教育主要在法学院开展，但这并不意味着所有的法律教育都是纯理论的。从本质上讲，法学本科教育的目的就是要让学生有足够的知识和技能，为将来从事法律工作做准备。在此期间，法学院要向学生提供法律知识，协助他们建立法学基本的理论架构，并在此基础上教授他们法律技能，使他们具备分析、判断和解决问题的能力，使他们学会运用法律资源。经过一系列的培训，使学员基本具备从事律师职业的资格，并具备成为一名律师所应该具备的专业水准。英国法律专业的本科专业设置比较规范，在保证学校的基本教学

计划完成的前提下，学生可以根据自己的兴趣选择课程。同时，教学目标明确，教学方法多样，考试形式灵活，更注重培养学生的综合分析能力和自主学习能力。

英国法学本科教育具有以下三大特征。

采用案例教学法。主要表现为法学院将案例教学法作为法学教育的基础部分，具体表现为学生通过阅读由上诉法院裁判文书编写而成的案例教科书，并对教科书进行一定的剖析，来学习其中的裁判方法与思路。

注重互动。虽然在实际的教学过程中，教学方式灵活多样，但英国法学院更注意调动学生在教学过程中的积极性，使学生参与教学互动是英国法律教育的特点之一。

全面培养，全方位训练。现代社会的关系越来越复杂，法律关系也越来越复杂，法学教育不仅要传授法律知识，还要培养法律专业人才，要让学生在离开法学院之后，还可以从事其他行业。目前很多法学院的教学目的已经不局限于培养专业的律师，而是要在法律教学基础上增加一些专业课程，使学生可以在大学里学到更多的东西，从而可以更好地适应社会的发展。英国的法学教育虽然处于理论阶段，但事实上，英国大部分法学院都在进行法律实践教育，如促进学生参加社会公益活动等。

三、重视学生的法律素养提升

英国学校的法律教育非常重视学生的法律素养提升，把针对学生开展的法律教育工作放置在教育工作的头等位置。英国的法律教育的特点主要是根据学生自身实际情况，制定相应的教学内容，教育方式不拘泥于一种形式，主要目的是加强国民法律意识的养成，并充分有效利用社会资源，为学生提供社会实践的机会。英国特别关注对于青少年法律素养的教育，在他们的学习过程中循序渐进灌输相关的法律内容，同时利用各种实例加强学生对于法律的感性认识。

四、律师职业教育——进行法律技术集中训练

一般而言，经过法学本科教育阶段之后，越来越多的法学院会选择与律师学院合作，联合开设着重于法律技巧培训的训练课程。具体的课程设置根据各个法学院以及律师学院的风格不同而各有不同，总体来看课程主要包括口头语言表达能力、法庭阐述技术、发问技巧、辩护技巧、调解与协商技巧等方面，具有一定的体系性和多元性。一些课程的实施主要是以团队的方式进行，还有

一些课程是比较传统的，如各种文件的基本格式和规范。这种课程的设置和越来越系统化的教学方式显示出英国法律教育十分注重实务法律教育。

在英国，取得法学学位被认为是学习过程中的重要目标，法学学位也是英国学位中最重要的学位之一，但这并不意味着取得了法学学位就必须或者必然成为律师。英国不存在类似于美国或者中国的律师资格或者司法考试。在英国，即使是毕业于大学法学院的法律系学生也并不意味着其能直接从事法律职业，中间还需要历经更为深层次的职业训练以及学徒训练，同时还必须参加相关的律师课程学习。更为重要的是，在英国的法律职业体系中，律师又分为事务律师和出庭律师，这就意味着两者的律师课程学习在内容上是有区别的。

首先，事务律师法律实践课程更加重视实践训练。在英国，事务律师实践课程的主要目的在于通过培训使学员获得起草文件、研究、辩护、接见、谈判（drafting，research，advocacy，interviewing and negotiation）等五项技能。在很长一段时间内，由于事务律师工作存在特殊性，所以事务律师实践课程偏重知识传授，随着事务律师逐渐具有出庭的权力，事务律师法律实践课程提供机构开始注重加强其教育过程的实践性。各事务律师法律实践课程提供机构，逐渐放弃了以讲授为主的培养模式，开始大胆尝试在商业环境中进行事务律师实践课程教学的做法，目前很多机构开设了城市事务律师实践课程，力图提高学员的实践能力。总之，事务律师实践课程正在逐渐摆脱传统的讲授法教育模式，向以互动研讨为基础的培养模式转变，同时保障学员能够在现实商业环境中学习，进一步提高学员的实践水平。

与事务律师实践课程培养模式不同，出庭律师的律师职业课程非常注重传统，律师学院以及餐饮会被保留下来，实践性特征非常明显。学员只有加入律师学院以后，才能够开始出庭进行律师职业课程的学习，在学习过程中，学员被要求参见其所在律师学院的餐饮会，参见次数达 12 次之多。律师学院要求学员参加餐饮会的主要目的是通过餐饮会使学员与资深律师建立密切关系，并与资深律师进行交流，学员之间也可进行一些必要的切磋与交流，从而提升学员职业实践水准。就具体课程而言，出庭律师的律师职业课程中的理论知识内容非常少，学员主要的学习时间都用在了技能的训练与学习上。该课程实践性特征非常突出，在课程学习中，学员可以进行全面的知识学习和技能锻炼。

综上可知，英国法学教育的职业阶段，更加注重学员法律职业技能水平的提高，以及对实践性内容的学习。

五、律师事务所实习——塑造法律职业阶层

一般情况下，当学生完成职业教育阶段的工作后，就可以开始实习了。在此阶段，学员将在多个法律顾问的指导下，获得各种相关的实践经验，如果实习成绩好，就有可能拥有一份正式的工作。在英国法律教育中，实践占有举足轻重的地位。实践是培养成熟的、高水平的律师的关键。纵观英国法律界的三个发展阶段，可以看出，每一阶段都有实践性的要求，而且对实践性的要求越来越高，各个阶段联系密切，层层推进，形成了一个完整的英国法律专业人才培养体系。

当进入实习阶段后，无论是事务律师学员还是出庭律师学员，在这一阶段都要跟随各自领域的执业律师进行学徒制式学习。事务律师学员通过与法律公司签订训练合同（Training Contract），并参加短期的职业技能训练课程（Professional Skills Course，PSC）学习，才可以完成实习阶段的学习；出庭律师学员则要作为学徒，跟随一个有经验的出庭律师进行出庭律师实务学习，来完成实习阶段的学习。

事务律师学员的实习阶段虽然处于法学教育的末尾阶段，但实际上很多学员的训练合同在职业阶段开始之前已经签订，这就解决了学员在第二阶段的培训费用来源问题。不过，法律公司往往会根据市场行情来签订训练合同，不是所有学员都能够较早签订训练合同，所以事务律师学员的竞争压力比较大，当然也方便了大型法律公司挑选优秀的候选人。签订训练合同的事务律师学员，一般需要在一个法律公司工作两年，在这两年中事务律师学员往往需要每六个月更换一次岗位，以熟悉各种法律事务的具体运作，并将已经学习的法律知识与实践技能运用到法律实务工作之中。

在训练合同期内，事务律师学员还要参加职业技能训练课程学习。事务律师学员在训练合同期间内的工作，一般都会得到不同领域资深事务律师的指导和监督。事务律师学员在训练合同期内的薪水会得到保证，这样就为学员完成实习任务奠定了物质基础。事务律师学员在训练合同期内工作，有利于将已有知识与技能转化为职业实践知识与技能，为将来走向事务律师工作岗位，奠定了深厚的职前实践基础。

英国的出庭律师学徒培养过程，封建行会味道异常浓厚，至今保留着诸多传统做法。学徒阶段为期一年，学徒训练是在律师学院以及出庭律师公会的指导与控制下进行的，一旦安排了任何阶段的学徒（包括外国训练学徒），学徒必须书面通知律师学院主事和出庭律师公会。出庭律师学徒前六个月的主要工

作是跟随"师傅"出庭，并协助整理案卷，主要是通过观摩来掌握出庭律师实务技能；后六个月，学徒开始在"师傅"的监督下独立办案，不过学徒办的案件通常比较次要或处于诉讼早期，在后期他们也会接受一些比较复杂的案件。学徒办案的数量和类型取决于"师傅"和学徒的技能水平。通过前后两期不同方式的学习，学徒基本上都具有了必要的出庭律师实践素养，具备了独立办案的能力，高水平的出庭律师在这样的教育模式下脱颖而出。

英国法学教育的实习阶段，对于培养成熟的高水平法律职业律师作用重大，是法学教育与法律实践对接的必然选择。纵观英国法学教育三阶段，对实践性的要求不断提高，各阶段联系比较紧密，从而形成了严密的法律职业阶层培养体系。

六、行业组织——监督管理法学教育

英国的法学教育分为学术教育和职业培训两个阶段，两个阶段紧密结合，良性互动，形成一个有机的体系。

英国由教育质量监督局负责对大学教学质量进行监控管理，高等教育基金会负责对大学学术研究进行监控管理，律师协会负责对法律实践课程进行监督管理，大律师协会负责对律师职业课程进行监督管理。

英国这样的制度设计使法律行业形成一个有机整体，学术教育与职业培训紧密结合，为法律部门源源不断地输送合格人才。

第五节　国外法学教育对我国的启示

一、明确法学教育层次及目标

在本科阶段，法学教育的目标应紧紧围绕法律职业，全面培养学生的专业素养、职业技能、职业道德、人文科学素养，重点培养学生的实践技能。在研究生阶段，应明确区分法律硕士研究生和法学硕士研究生的培养目标，分清"应用型"和"学术型"。重点培养应用型、复合型的法律硕士研究生，使他们具有比本科生更专业、更全面的职业技能和职业素养，以满足我国法制建设过程中对高素质、复合型法律职业人才的需求。对于法学硕士研究生及法学博士研究生，应坚持"适量、高质"的原则，教学目标应放在理论研究上，重点培养学生的理论学术研究能力，满足我国法学教育和法学研究的需求。我国"卓越法律人才教育培养计划"也体现了这一点。

学生是国家发展的重要力量，培养学生的法律素养，提升学生综合实力，是实现依法治国举措的必要条件之一。法学教育应将素质教育目标作为法律素养教育的立足点和切入点，即把法律素养教育作为推行素质教育的基本内容，以及人才培养的目标来抓，同时将法律素养教育纳入教学体系与学校工作的议事日程，从根本上改变法律素养教育次于其他专业素养教育的不科学定位，把法律教育合理、有效地嵌入学生专业技能教育教学之中，将二者放在相对平等的地位来对待，并给予人力、物力、财力的投入，建构一个完整而独立的法律素养教育体系，使其兼具规范性、专业性、系统性、科学性，不断深化法律课程改革，提高对法律教育工作的思想认识，狠抓学生法律素养培养工作。

法学教育教师亦要提高思想觉悟，充分认识到法律课程教学不仅是简单地向学生传播法律知识，而且要引导学生善辨是非，树立正确的人生观念，从而提高学生的法律素养。法律课教师要提高对法律素养培养工作重要性的认识，顺应时代需求，以身作则、摆正心态，走出只注重向学生灌输法律知识的误区，在实践教学中摸索出更好的教学思路及方法，采用有效的方式促进学生法律素养水平的不断提高。

在法学教育过程中还要加大对法律教育的宣传力度，注重法律课程的教学，不断创新课程内容、变革教学方式，使学生充分感受到学校对法律教育的重视，从而加强课程学习。法律课程不仅与学生的生活关系密切，而且学习法律课程有利于提升学生的综合素质。因此，学校要加大教育力度，增强对法律课程的宣传力度，营造良好的学习氛围。

二、法学教育课程内容的灵活性

我国可以对日本法科大学院的教学设置进行借鉴，在法学教育内容的设置上体现灵活性，这就需要我们对法学实务课程教学进行灵活设置，同时运用丰富的法学教育方法，确保学生在理论基础的学习上进行法律实践学习，并通过与律师事务所的灵活合作，培养学生法律实务操作能力。

我国当前，法学实践教育与司法考试在一定程度上存在脱节现象。所以要强调资源的合理配置，避免重复教育，对司法研修所的内容和形式进行调整，从而更好地节约教育的资源与成本。

法学教育中需要科学规划学校的法律课程，要基于法律的学科特点、学生的兴趣爱好及社会宣扬的文化价值，针对法律课程的课程目标、教学方法、教学内容及考评方式等系列因素，对法律课程做出一系列有选择、有安排及有组织的规划。在当前全面依法治国的大背景下，要充分认识到法学教育的重要性，将法律教育与"德、智、体、美、劳"教育同等对待。法学教育设立的法律课程内容要以宪法知识为核心，使学生树立宪法意识，具备最基本的公民素养；法律教育必须紧跟时代需求，紧密联系学生生活，彰显社会主义核心价值观念，与我国道德教育相结合，使学生所学的理论与实践完美结合。

课程教材是对学生进行相关方面教育的主要形式。教材的编写者应当与时俱进，适时更新教材内容。现今，社会呈现多样化发展，法律课程教材亦要立足于法学教育的特性和国家发展的需求，以体现教材的实用性。

教材是课堂教学的依托，是教师教学的基础。伴随多媒体的迅速发展，课堂教学形式虽然有所创新，但是教材在课程教学中所占据的重要位置是不变的。学校应当综合学生法律素养培养现状，结合学生的特点及校本教材的培养目标、基本原则开发校本教材，主要需要做到以下两点。第一，培养目标要包含培养学生的知识目标和能力目标。知识目标要求学生能知道我国现行的法律规范颁布的社会背景及适用范围，了解未成年人保护法、消费者权益保护法等相关法律规范所确定的学生的权利及义务。能力目标要求学生能熟练应用法律规范解决实际问题，做一个不仅知法、懂法，而且守法、护法的新时代合格的公民。第二，基本原则要包括实用性原则和针对性原则。所谓的针对性原则，要求校本教材能有针对性地满足学生日常生活中的法律需求，能有针对性地帮助教师满足学生日益增长的法律需求，使教师的"教"能满足学生的"学"。实用性原则要求校本教材要坚持法制教育的初衷，以满足国家、社会及个人的发展需求为目的，立足社会现实，满足教师的教学需要，实现学生能够独立解决法律问题的目标。

社会飞速发展，教师要以法律教材为基础，结合社会实践，不断优化课程内容，促进学生法律素养培养工作的顺利进行。首先，法律任课教师不能照本宣科，要认识到法律课教师的课堂内容虽然要以课程教材为基础，但不能局限于教材本身，而应适当地扩充教学内容，使法律内容与时俱进。其次，教师要立足于法律课程的需要，适时拓宽学生的法律视野，将现下社会热点事件中涉及的法律知识点与教材法律知识相结合，在案例分析中向传授学生热点法律知识。最后，教师要合理利用手中掌握的法律资源，深挖学生的现实需求，不断优化已有的法律课程，丰富课程教学内容。

三、采用多种教学方式

当前，我国的课堂教学仍然是以教材为基础，教师往往强调理论知识，课堂师生互动不足。为此，我们必须转变"满堂灌"的教学方式，采用启发式、互动式的教学方式。我们应借鉴美国研讨班、案例教学法、德国习题课、案例研讨课等教学方法，结合国内的实际情况，对教学方式进行适当的调整。从整体上看，在大学本科阶段可以采用个案教学法，而在研究生阶段，则可以采用研讨班的方式。由于受客观因素的制约，我国法律界经常采用"大班制"的方式，不能充分调动全体同学的积极性。不妨试着聘请一位硕士生担任助教，在一位或几位助教授课结束后，组织一次讨论。在教材上，可以选用最高人民法院的案例材料，同时，在编写其他教科书时，要适当改变传统的"填鸭式"教学观念，提高学生的法律思维和实践能力。考试的形式也可以多种多样，如社会实践报告、小组讨论、论文撰写等，既要有书面测试，也要有口头测试，以提高学生的创造性思维能力和综合素质。

此外，在教学过程中应当加强法律理论与法律实践的联系。教师可以在法律课堂上适当地采用"案例教学""辩论式教学""情景教学"，创设法律情景，激发学生的积极性，促使学生理解法律冲突，从而增强法律运用能力。教师还应当广泛创设第二课堂，将法律教学延展到社会生活中，鼓励学生利用法律解决生活中的问题，从而增强学生用法律解决问题的能力。

四、促进诊所式法律教育的发展

（一）开源节流——多渠道解决经费短缺问题

充足的经费是诊所式法律教育开展的必要条件。

"开源"是指充分发挥学校的主观能动性争取多方社会资源的支持。

第一，可以争取政府资金的支持。一方面，学校可以与当地司法行政部门下的法律援助中心建立合作，将法律服务延伸到弱势群体，由司法行政部门给予一定的办案补贴并将其纳入诊所式法律教育的经费范畴，统筹经费使用；另一方面，学校应积极申请法律事务专业课程的公共实训基地，如教育行政部门审核通过，则可以设立诊所式法律教育专项经费，充盈课程运行所需要的经费。

第二，可以争取社会团体和公益组织的资金援助或者捐赠。如我国诊所式法律教育最初是在美国福特基金会的支持下开展的，学校可以申请美国福特基金会的专项资金；我国国内也可以向中国诊所法律教育委员会申请初创期的资金援助，考察合格的可以一次性获得3万元的资金援助，用于诊所式法律教育的教学费用。另外，学校也要充分利用校友资源，亦可以向学校校友会申请帮助。

第三，可以争取律师事务所或者律师协会的资助。如学校可以与律师事务所等法律实务部门合作办学，由学生充当律师助理，协助律师办理基础事务，由律师事务所向法律诊所提供学生办理案件所需要的基础教育经费。

"节流"是指学校根据诊所式法律教育教学目标，将现有教学资源进行整合并合理配置。

第一，法律事务专业应用诊所式法律教育必须出台规章制度明确诊所式法律教育专项经费，确保专费专用，保证诊所式法律教育的运转。

第二，当前法律事务专业课程开设较多民事案例实务、刑事案例实务等课程，此类课程虽多但多数流于形式，对于培养学生的法律职业能力与法律职业素养效果不明显，诊所式法律教育可以兼容此部分法律实务课程，将开设较多的实务类课程优化整合，集中课时、经费等资源，通过诊所式法律教育进行授课，将其他的事务类课程作为诊所式法律教育的补充形式。同时依托学校现有的公共实训基地，可以将诊所式法律教育的授课地点、办公地点设立在现有公共实训基地内，充分利用公共实训基地配套的设备设施，解决诊所式法律教育经费短缺问题。

（二）多管齐下——促进"双师型"教师队伍建设

不同于"灌输－接纳"式的课堂教授，"监督－操作"式的诊所式法律教育对于教师的法律素养具有更高的要求，指导教师的水平高低直接关系到学生职业技能水平的高低。因此，要想培养出具有较高法律职业能力与职业素养的学生，必须具备一支既具有扎实的法学理论功底又具有丰富的法律实践经验的"双师型"教师队伍。

对内，可以给予法律专职教师脱产培训或者在职进修的机会，鼓励更多法律专职教师进一步提高法律专业知识素养；同时鼓励学校法律专职教师参加法律职业资格考试，推荐已经取得法律职业资格的教师到律师事务所兼职，提高诊所式法律教育专职教师的法律实践能力；为具有法律职业资格的教师在职称评聘、教学任务等方面提供便利，促进更多法律专职教师成为"双师型"人才。

对外，密切与法律实务部门联系，将具有丰富的法律实践经验的法官、检察官、律师请进校园，兼职任学校诊所式法律教育教师；亦可以返聘退休的法官、检察官等担任指导教师，丰富诊所式法律教育师资力量，更好地开展诊所式法律教育；还需要加强与已经开设诊所式法律教育的高等院校、兄弟学校等其他学校的沟通交流，对于其他学校在加强诊所式法律教育师资力量方面优秀的经验、做法，要结合本校的实际情况予以吸收，形成成熟的"双师型"教师队伍培养体系。

（三）多元合作——全方位解决案源有限问题

解决诊所式法学教育中案件来源有限的问题，丰富案件来源渠道，可以从以下几方面着重入手。

依托司法行政部门的法律援助机构，有保障地获得案件来源。学校可以与当地法律援助中心进行对接，将符合诊所式法律教育教学需要、适合学生提供法律服务的案件，交由法律诊所的学生办理，同时又能缓解当前法律援助案件供需紧张的关系。法律诊所的学生经过严格系统的训练，可以弥补法律援助人力资源的不足，缓解法律援助供求关系。法律援助机构从接待、咨询、审查到参与代理，丰富的服务形式为法律诊所的学生提供了全方位实践的机会；充裕的、类型各异的案源，正好满足了法律诊所选择合适案件的需要。

强化与法院、检察院、律师事务所等法律实务部门的合作。学校可以与法院、律师事务所等法律实务部门共同建设诊所式法律教育实验室，并签订共建协议，由法律诊所的学生作为见习助理。相关法律实务部门必须确定一名法官、检察官或者律师等作为兼职教师，帮助、引导法律诊所的学生。此外，学校亦可以与社区法律中心、妇联、人民调解中心等机构合作，多方合作解决学校诊所式法律教育案源有限的问题。

（四）严格选拔——挑选合适的学生参与实践

学生是诊所式法律教育的中心，只有选拔出的学生提供了令人信服的法律服务，诊所式法律教育才可能长久运行。因此挑选合适的学生进行实践是诊所式法律教育的关键，诊所式法律教育必然对学生的法律综合素质提出较高要求。

第一，确立选拔标准。参加诊所式法律教育的学生需要具有基础的法律专业知识，并且已接受相关的部门法、诉讼法等的学习，因此，三年级的学生更为适宜，他们基本完成了基础法律知识的学习，对于法律知识已具有一定的理解和分析能力，较之低年级的学生更加成熟、稳重，具有了一定的协调能力、文书写作能力等；并且更为重要的是三年级学生面临毕业，更懂得珍惜能够进行实践的机会。

第二，确定学生人数。考虑到当前学校的实际情况，特别是经费及师资欠缺的情况，加之诊所式法律教育对于经费及师资的要求较高，学生素质亦参差不齐，为保证教师能有足够精力与时间指导学生提供法律服务，确保教学效果，笔者建议一名诊所教师指导 5～6 名参加诊所式法律教育的学生，最多不超过 7 名。

第三，规范选拔程序。可以采取笔试、面试的方法，对于特别优秀的学生亦可以由教师推荐特别选拔，但必须形成明确的学生选拔流程，确保选拔出符合诊所式法律教育要求的学生。

（五）加强立法——确保学生的"准律师"身份

当前为解决法律诊所学生的身份问题，不同学校采取了不同的方式，有的高校以本校法律援助中心对外开展法律服务活动，有的高校与司法行政部门的法律援助中心合作以法律援助志愿者身份开展法律服务活动。这些做法虽然在一定程度上解决了法律诊所学生代理案件的身份，但未从根本上确定法律诊所学生的身份，对诊所式法律教育效果产生了不利影响。因此，我们呼吁国家有关部门如教育部、司法部、最高人民法院、最高人民检察院、公安部可以从促进法律职业教育角度出发，联合出台法律诊所学生执业办法，赋予法律诊所学生的"准律师"身份，确保法律诊所学生更好地参与法律实践活动。换个角度来说，明确法律诊所学生执业规则，不仅能够维护法律诊所学生在从事法律实践活动中的权利，也能够明确法律诊所学生的义务，并对学生的法律实践行为进行约束。

五、促进少年法庭的发展

通过对美国、日本少年司法制度的归纳与分析，不难发现两国的未成年人审判制度各有优势，均保持着各自的发展特色。根据我国的具体国情，并非所有的域外经验皆可全盘吸收，在深入对比、了解的同时，笔者选取了部分值得我国借鉴的域外经验，主要包含以下三个方面。

第一，加强少年法庭的立法规制，制定与我国少年法庭模式发展相匹配的法律法规。美国作为英美法系的典型代表早在 1894 年，就制定了世界上第一部少年法，与之相对，日本在不断构建少年司法体系的过程中有了新的突破，不仅制定了少年法、少年院法及少年审判规则，还在 47 个都、道、府、县制定了未成年人保护条例。我国未成年司法制度的发展相对于美、日两国来说起步较晚，虽然在《中华人民共和国未成年人保护法》《中华人民共和国刑事诉讼法》《中华人民共和国预防未成年人犯罪法》中涉及有关保护未成年人利益、适用特殊的诉讼程序等内容，但是有关少年法庭运行规则、机制等内容有待完善。

第二，进一步明确并适当扩大少年法庭的受案范围。由于各国对于少年审判机构的设置不同，美国各州以设立少年法院为特色，日本则以家庭裁判所为核心开展少年司法工作，而中国目前以多元化的少年法庭作为未成年人审判工作的主战场，所以，各国对于少年案件的受案范围存在很大差异。总的来说，各国对少年案件的受案范围可分为宽幅类型和窄幅类型两种。以日本为例，日本少年法第三条明确规定了非行少年包括犯罪少年、触法少年和虞犯少年。具体而言，犯罪少年与触法少年是多数国家普遍认同的少年案件受案范围，然而将虞犯少年（虽未犯罪但根据其性格特征判断在未来可能会触犯法律的少年）纳入少年案件受案范围则是日本家庭裁判所的独特之处。当下我国不断推动少年家事审判模式的试点，与其他几种模式相比，融入了家事审判后受案范围明显扩大，这也标志着我国少年法庭受案范围向宽幅类型靠拢。总而言之，根据我国少年法庭模式的发展趋势适当地扩大少年案件的受案范围，有利于保护更多的未成年人群，彰显少年审判工作以保护、预防为中心的特色，融合家事审判的发展之路将有利于淡化少年审判工作过度偏于刑事司法的属性，从而促进我国少年司法体系多维化发展。

第三，建立健全与少年法庭相匹配的教育机构或培训场所。判后矫正教育工作是挽救错罪未成年人的重要一环，美国按照不同的保护对象建立了训练学校、教养机构以及帮助其回归社会的培训场所；日本则设立了少年院、养护所、教护院等场所。然而，目前我国承担未成年人判后教育工作的机构主要包括村委、社区和司法局，有待完善专门性的教育、培训场所。因此，应借鉴美、日两国的经验，建立配套的帮扶机制和专门性的机构组织，为判后教育工作建立规范化的规则机制，从而不断强化判后帮扶的延展性、专业性。

六、进行法律职业伦理教育

发达国家和地区重视法律职业伦理教育，其法学院对职业伦理课程都有着翔实的教学计划、完整的课程体系及多样的教学方式。我们可以学习发达国家和地区有关法律职业伦理教育的经验，不断完善我国的法律职业伦理教育。

（一）设置合理的法律职业伦理课程

法学课程承担着传递法律知识的责任。从根本上说，法律职业伦理教育的最终目的是将法律伦理道德融入学生的骨血，内化为他们自己的品质，而最适宜承担这一责任的正是各大法学院校。虽然有关部门已经将法律职业伦理设为法学教育核心课程之一，但是还要以更强硬的态度要求各大法学院校都开展法律职业伦理教学，并且提高这门课程的学分。这一举措可以使法科学生接受更加专业的伦理教育，使他们逐步认识到法律职业伦理之于法律职业的重要性，提高他们学习职业伦理的主观能动性。

此外，不单单有来自外部的施压式教育，内部的陶冶式教育也必不可少，即先听取学生的观点和看法，对正确的思想予以赞同，对失之偏颇的想法循循善诱，如此才不会把伦理教育变成僵化的道德说教。法学院校要既重实务又重伦理，如此才能养成法科生学思并重、职业技能与职业伦理齐头并进的思维模式。

（二）培养学生的法律职业伦理修养

根据教育学的研究成果，知识、技能、态度领域中的教与学是存在差别的，它们之间的对应关系如表3-1所示。

表3-1 知识、技能、态度领域中的教与学

领域	学	教
知识	听讲、记诵、复述	口授
技能	观察、模仿、练习、实践	示范—指导—训练
态度	体验、认同	间接地教

通过表3-1可以看出，法律职业伦理教育应当归属于"态度"领域，教授方式应当是间接的，由学生自己去体验，但现阶段我国的法律职业伦理教育所采取的授课模式大都是"知识"领域的教师口授、学生听讲。法律职业伦理涉及的是律师、法官、检察官等法律人与当事人之间的伦理关系，法律人只有身处这个角色，理解对方的需要，才能产生合乎他人和社会期待的道德反应。教育不是注满一桶水，而是点燃一把火，学生是具有自主意识的生命体，教师要有意识地引导学生参与并自己思考，这样才能达到事半功倍的效果。因此，我国高校要转换教学思维、改革教学方法。参与式教学、苏格拉底式教学、案例式教学、法律诊所式教学、问题中心式教学等，都可以被应用在我国高校法学院的课堂之中。

（三）激发学生的学习兴趣

实际上，法律职业伦理的内容十分广泛，不仅包括法律人必须遵守的道德准则，也包括相关法律法规中涉及有关道德规范的内容。单纯教授伦理规范并不能得到学生的认可，多方位介绍和展现法律职业伦理的重要性才符合司法改革背景下法学教育的要求。因此，法律职业伦理课程还要囊括下列内容。

①必须讲授法律职业伦理之于社会公共利益与普通人的价值。

②必须讲授法律职业共同体的相关理论知识。

③要说明法律人遵守法律职业伦理的原因。

④应当讲授法律职业伦理的适用技术。

如此一来，方能拨开遮盖在学生眼前的层层面纱，激发他们学习法律职业伦理的兴趣。此外，法科生对于将来要从事的职业总会有不同的憧憬，律师、法官、检察官甚至公司企业的法务都有可能成为他们的选择，所以高校在教授法律职业伦理时要全面化，充分考虑到每一个法律职业所侧重的职业伦理需求，做到对症下药，有的放矢。

七、加强与法律职业界的联系和合作

"实践出真知"，高校要广泛地与各地司法部门建立长久的合作关系，比如与各级法院挂牌成立法律教育基地，加强与各级法院的交流与合作，挑选具有代表性的民间借贷、合同纠纷、侵权责任纠纷等案件，组织感兴趣的学生参加庭审旁听，使学生近距离地感受案件审理的庭审环节，实地学习法律知识。庭后，教师"以案说法"，就庭案的案件及庭审的技巧做详细的讲解，解答学生的疑难困惑，讲解相关知识点，并要求学生就旁听所得进行梳理后提交旁听报告。学校要积极搭建模拟法庭教学平台，将其广泛应用于课堂教学，学生可自由地选择感兴趣的诉讼角色——审判人员、案件当事人及诉讼委托代理人、证人等，让学生活学活用，在实践中学习法律知识。此外，教师可在课堂教学外，举办法制大课堂、法律知识竞猜、法制演讲等，鼓励学生积极参加法律竞赛等实践活动，使学生在实践中丰富自身的法律知识，并能够学以致用，从而真正使学校法律通识教育课程切实成为大学生法律素养培养的主要阵地。

我国法学教育界一定要与法律职业界加强联系，为社会主义法治建设培养更多有用人才。通过观察英美两国的法学教育，我们会发现无论是英国分阶段的法学教育模式，还是美国本科后的法学教育模式，都与法律职业发展的需要紧密相连，法律职业阶层也投入法学教育中来。在英国有专门的职业教育和实习教育阶段由法律从业者来完成，英美日益成熟的诊所法律教育与法律从业者更是密不可分。因此，我国法学教育界与法律职业界应当借鉴英美经验，双方通力合作，在互相理解的基础上，加强法学教育的合作，逐步建构统一的法学教育体系。

第四章 法学教育教学模式的改革

本章分为法学教育教学模式的发展历史、现行法学教育教学模式存在的问题、法学教育教学模式的革新三部分。

第一节 法学教育教学模式的发展历史

一、中华人民共和国成立初期法学教育教学模式的形成与发展

中华人民共和国成立初期，为了对旧法学教育进行改革，中国普通法学教育开始向苏联学习，1951 年教育部在制定的《法学院、法律系课程草案》中提出在法学教育方面"以苏联法学教材及著述为讲授的主要参考资料"。

从当时法律系的课程设置来看，我国大学院校的法律系学习的很多都是关于苏联国家法律的课程，如苏联国家与法权史、苏联国家法等，其余许多课程的名称都分别冠以"中国与苏联"字样，如中国与苏联行政法、中国与苏联劳动法、中国与苏联民事诉讼法等。

二、1966—1976 年法学教育教学模式的历史命运

在这个特殊的历史时期，立法工作受到影响。法学教育教学模式发展缓慢，法学的继受性特征要求中国法学教育教学模式在破旧立新中突出重围，健康发展。

三、改革开放后法学教育教学模式的发展

1976 年后，我国在经济、政治和文化领域进行了一场深刻的社会变革。中国领导人清醒地意识到，要进行政治、经济、文化等方面的改革，将健全法制提上历史日程。

自实施改革开放以来，作为国家建设的一个重要组成部分——中国的法治建设和法学教育经历了从恢复到发展、从借鉴到创新的过程。回顾改革开放以来中国法治建设所走过的历程，可以说，这四十多年是中国法治建设发展最快、成就最辉煌的四十多年。在这样快速发展及法学研究如此繁盛的历史背景下，

具有中国特色的法学教育教学模式也应运而生。中国法学教育教学模式呈现出较快的发展态势。法学本科学位制度逐渐建立及完善，并形成一批稳定的法学研究队伍。目前，所有设置法学本科专业的学校均有权授予法学学士学位。而且随着法学教育的发展，我国已建立了一支规模庞大且具有较高水平的法学教学研究队伍，为我国法学教育的发展奠定了基础，并推动着我国法学教育的继续发展。

虽然目前法学教育呈现出蓬勃发展的态势，但仍存在着许多不足之处。在21世纪的国际国内环境中，法学界学者仍在积极探索更为有效的教育教学模式，寻求新的发展。

四、当代中国特色法学教育教学模式特征分析

中华人民共和国成立后至今，中国法学教育在体系、方式和内容上有了较大的发展。随着中国教育的持续发展，法学教育亦几经波折，终于形成了今天规模庞大的法学教育体系，并具备以下特征。

第一，法学教育培养目标明确。对于培养目标，各法学教育者论述不同，但基本方向大同小异。法学教育不仅仅关注正义观念的养成，更致力于促使学生将正义观念和具体而严格的程序与技术结合，以免学生成为片面的实质正义论者。

第二，多渠道、多形式的法学教育体系并存。目前的法学教育，除了主要由高等院校的法学院来承担，还有多种形式的法学教育存在，如法学自考本科、成人继续教育、法学在职培训教育等。而且从教学组织管理模式上来看，法学教育基本实行选课制和学分制，由学生在大学四年修完学校规定的学分。

第三，多种教学方法的拓展与创新。从教学方法上看，各种有益的教学方法在课堂上得以运用，典型的有案例教学法、诊所式教学法、苏格拉底式教学法、演讲式教学法、模拟法庭教学法等。

第二节　现行法学教育教学模式存在的问题

一、培养目标不适应社会发展的要求

培养目标是教育思想的核心，是教育思想的集中体现，也是教学、人才培养的依据。当前法学教育教学的培养目标在一定程度上不适应社会发展的要求，缺乏时代性和可操作性。

（一）培养目标缺乏时代性

当前随着法学研究生教育的规模逐渐扩大，同时通过统一司法考试又成为从事法律职业的前提，加之不断发展的社会对法律人才提出更高的能力要求，法学毕业生已不是当然的"法学高级专门人才"，在这种新形势下，原有培养目标不适应时代的要求。

（二）培养要求缺乏操作性

目前法学教育培养目标虽然有一个总体的要求即"专门人才"或"法学高级专门人才"，但对于应具备的知识结构、应掌握的技巧，以及如何将所学知识和技巧有效地应用于实际工作等不够明确。从毕业生走上社会的工作情况和实习生实习的情况来看，存在实际工作能力不足的问题。

二、法学教学方式有待更新

培养院校应当创新法学教学方式，大量采用案例教学法、诊所式教学法、辩论式教学法、模拟法庭教学法、法律业务实习等有别于传统法学教学的方式。目前法学教育采用的教学方式主要是类同于法学硕士专业的专题式教学法。这样以教师讲授为主的教学方式对于人数较多的法学教育学生而言，其教学效果往往和大班式授课方式差不多，学生较难积极主动地去做相关专题的课前准备，这样不利于培养法学教育研究生的主观能动性，师生之间也难以进行良好的沟通和交流。

此外，目前，学校的法学教育在一定程度上侧重"专"，在课程设置中着眼于法学专业课程，而对人文学科方面的课程关注不足。这样不利于培养学生从不同学科背景下认真思考现实生活中所产生的各种问题的能力，不利于培养学生的法律职业道德品质。

当前部分学校仍然使用灌输式、填鸭式等传统的教育方式，看似认真的课堂却达不到教学效果。究其原因，主要有以下三方面。

其一，由法律专业自身的学科特点所决定。在教学内容的选择上，法学专业课堂的教学多以理论学习为主，内容略显枯燥，再加上法律本身具有严肃性，难以激发学生的学习兴趣。对于法律专业教学方式的改进，相关的理论及实践研究颇多，但能够应用于实践，并产生实效的较少。

其二，受法律专业教师的教学习惯的影响。法律专业是一门理论性较强的学科，为了追求教学的严肃，秉承严谨教学的传统。在教学方式上，部分教师更倾向于尊重教材，还原和传授教材内容，在教学方法上显得陈旧。

其三，部分教师的教学存在随意性。部分教师会根据个人喜好挑选部分内容选择性教学，由于课时有限，不能对教学内容进行深入的解读和扩展，致使学生难以消化吸收并内化为法律素质。

四、法学教育教学评价存在的问题

（一）评价方式有限

我们知道，无论是法学教育教学的效果如何，还是预期教学目标是否达成，都需要通过学业评价来进行。各级院校的法学课程具有一定的特殊性，即更加注重对学生进行职业法律意识方面的教育。

目前学业评价方式主要是传统的试卷考评模式，内容多为教材中的知识点，且以客观题为主。这种评价方法客观性高、可信度大，易于控制，适合检测记忆性知识点的掌握情况，但较难判断法律素养与法律意识的形成情况。

试卷题目中也会有主观性试题，如案例分析等，让学生根据头脑中已有的知识进行推理得出结论。但是主观题数量有限，覆盖知识面较窄，较难全面衡量学生的学习成果。

（二）评价内容单一

现行的法学教育教学评价体系往往侧重于对教师教学活动尤其是教师课堂教学活动的评价，对于教师的实践教学活动关注不足。而且侧重对学生已获得的知识进行考核，通常采用举行期末闭卷考试或提交论文报告的形式予以考核，对学生法律职业能力和职业道德水平的考核不足。

此外，现行的教学评价体系在评价内容方面呈现出注重静态的教学结果、忽视动态的教学过程的特点。具体而言，就是侧重评价法学教育的场地规模、师生人数、办案数量、到访人次、法律文书数量等静态内容，而对教师的教学情况和学生职业能力的形成情况评价不足。

第三节　法学教育教学模式的革新

一、明确培养目标，提高培养要求

在传统的法学教育中，人才培养目标主要是培养具备专业法学知识和技能的人才。但在信息化时代下，社会对法学教育人才培养目标提出了更高的要求，重新定位法学教育人才培养目标刻不容缓。法学教育不仅要重视传授法学知识和技能，同时还要重视培养人才的职业伦理和技术伦理素养。

在信息化时代法学教育教学模式的变革实践中，应强调人才培养过程中的知识塑造、能力塑造与人格塑造的统一性，并将人文、科技与法学有机结合，提高人才培养目标的全面性与综合性，确保人才培养目标的社会适应性。

二、拓展教学内容，提升职业素养

教学内容的改革必须立足于教学内容的科学性、针对性、适应性、灵活性和先进性，着眼于实际、实用、实效的原则，同时考虑教材内容的时代性，真正把新品种、新技能、新成果及时引入教材，使学生的知识与能力更适应现代社会发展的需要。

（一）重视实践性课程的设置

目前，一些院校的实践性课程设置不合理。法律职业教育在本质上要突出应用性、实践性的原则，所以要重组课程结构、更新教学内容，以增强学生的社会适应性。

在优化课程设置的过程中，学校要设立机构或专家小组，负责统筹安排。这样有利于对课程的设置和安排进行系统的管理，并且要强调在正常情况下每个教师必须不折不扣地实行，以保证课程安排的严肃性。

学校核心课程的设置应采用综合的方法，以职业实践活动为中心，将与培训有关的专业知识、文化基础知识加以综合，使实践课程具有广泛性、融合性和实用性的特点。

（二）增加有实践性内容的教材

案例教材建设是实践教学内容体系中最重要的一环，也是促使法学教育教学跟司法考试接轨很好的途径。

首先，学校必须有高质量的、适合社会实践需要的案例教材。目前，法学案例教材数量不足，较难满足法学实践教育尤其是司法考试的需求。因为现在的司法考试是从社会对法律人才的实际需求出发的，所以必须要有高质量的适合社会实践需要的教材。有学者认为，最高法每年编制的实例教材是很好的教材。

其次，适合法学模式的案例教材必定是全面贯彻教学计划、课程内容和教学方法的综合载体和具体范本。其特点表现为以下几点：定位准确，目的明确；框架科学，体系严谨；案例选择同时兼顾权威性、实用性、时效性与稳定性。

（三）重构教学内容体系

法律属于上层建筑，它是由构成经济基础的社会关系所决定的，并且法律的发展演变最终源于以生产力发展为动力的社会进步。所以，学习和研究法律问题绝对不能局限于法律知识和法律视角，必须从社会关系发展变化的背景中去理解和分析法律现象和法律问题。

首先，要突出重点，就是体现"学理论要精"的原则，丰富内容，就是把旧的去掉，增加新的，增强教学的针对性和实效性。教学必须不断丰富教学内容，将基本的、重点的内容作为教学内容的中心。

其次，课程内容要与区域特色相结合。把课程内容与地区的实际结合起来，既能够拉近学生与课程内容之间的距离，也能使学生更直接地感受教学内容对实践的指导作用。

最后，增加经济学、社会学、管理学等课程的教学，拓宽学生的知识面。例如，将国际关系的相关知识引入国际法教学，不但能激发学生对国际法课程学习的兴趣，而且能加深理解，改善教学效果。

（四）把司法考试辅导课纳入学校正式课程

法学院设立司法考试辅导课是我国司法制度改革的客观要求。在这里不但要谈一下如何把司法考试课纳入正式的课程中，还要重点谈一下如何对司法考试课内容进行授课。

首先，把司法考试辅导课纳入学校的正式课程是以促进学生就业为目的的。这个目的是整个实践教学内容体系的导向，贯穿学生培养的全过程。国家司法考试的目的是选拔符合法律职业要求的合格的法律专门人才，也为学生就业提供了平台。

其次，以学分制的形式把司法考试辅导课纳入正式的课程中，实行双证书制度，这既是对一个法学生的基本要求，也是对法学生的衡量和肯定，并进一步为学生就业提供了一个很好的平台。

最后，司法考试的模式并不是固定的，其形式与特点不是一成不变的，也处于不断的改革与发展过程中。因此，法学教育正式课程接轨司法考试应该与时俱进，其改革也应该不断地推进。

（五）合理安排通识课的内容和比例

我们可以把法学教育教学内容划分为两类，即必备性知识和拓展性知识。必备性知识是相对稳定的，体现了较强的专业特征，在专业能力形成过程中起十分重要的作用，属于必修的内容。拓展性知识则是多变的，具有灵活性、多样化的特征，掌握这些知识可以拓宽专业知识面，这些属于选修的内容。

三、重构教学方法，增强实践技能

教学方法是指在教学过程中，教师通过一定的方式与学生形成的良好互动的方式。科学、合理地选择和有效地运用教学方法，对于教学效果的提升及教学目标的实现具有重要意义，因此，各级学校法学课教师要在现代教学理论的指导下，综合地考虑各种教学方法和教学手段的特性以及要素，选择一些适宜的教学方法和教学手段。

在新冠肺炎疫情影响下，传统的教育形式受到一定的冲击，线上课程在某些时候成了主要上课方式，出现了更多教学工具和网络资源，随之也出现了一系列新的教学方法。教师不仅可以把课件、课程上传到网络上，还可以记录学生的学习状态，了解学习进度，对学生的情况进行可视化分析。

因此，通过线上线下课程共同推进、理论与实践相结合、多种教学方法结合的方式能够推进法学教育教学，尽可能地让学生在牢固掌握知识的基础上还能够学以致用。

（一）法学教学具体方法列举

接下来列举的方法是学校普遍运用的课堂教学方法以及可能会用到的教学方法。

1. 课堂讲授法

课堂讲授法是目前所有学校最常用的基本教学方法，顾名思义，它指的是教师通过运用表述语言和肢体语言向学生系统地讲述科学知识的方法，它集合了讲述、讲解、讲演等具体教学表述方法。从古希腊时期的苏格拉底、春秋战国时期的孔子的讲授至今，这种方法具有强大的生命力，这与其特点是分不开的。

首先，课堂讲授法由教师主导，可以口口相传，不受教学条件和环境的限制，教学成本低，但这种以教师为中心的方法不利于学生的主动性的发挥。其次，教师可以充分发挥其个人影响力，将知识有计划、有目的、系统地讲解出来，灵活性强，可以通过选择来使教材更适应学生或者时代的变化，助于教师在尽可能短的时间内传授更多的内容，并且有助于教师锻炼学生的体系性，也有助于解答学生的疑问。再次，由于课堂讲授法的教学成本低，因而适用范围极广，可以尽可能地教授更多的学生，解决大多数学生的学习问题，但教师也难以照顾到每一个学生，学生的个性难以得到体现与发展。最后，虽然课堂讲授法经久不衰且仍具有存在的必要性，但随着经济发展和信息化时代的到来，单纯的课堂讲授难以满足学生的学习需求，必须与其他教学方法相结合才能更好地发挥作用。

2. 多媒体教学法

根据调查我们了解到，大部分学校都购置了多媒体设备，而多媒体教学法也是近代以来得到广泛应用的一种教学方法。多媒体教学法是以多媒体设备为主要教学工具，在教学过程中通过一定的设计，运用计算机处理各种教学信息，在教学内容中增加各种图画、视频、音频等来吸引学生的注意力，将教学知识通过各种方式整合表现出来的一种现代化教学方法。多媒体教学法具有独特的优势。

首先，多媒体教学可以调动学生的兴趣。多媒体课件直观清晰，使很多知识可以更加生动形象地展示出来，并且图像、视频等比文字更符合人的记忆规律，使学生在提高注意力的同时更能吸收知识，但要注意适度原则，过多的视频会使课堂成为"电影院"，节奏把握不好会使课件的内容不能更好地展示。

其次，多媒体教学利用信息的庞大、高效的特点增加了课堂的知识信息量，提高了教学效率，实现了知识和信息的同步，但繁杂的信息也会使课堂质量受到影响，教师要注重课件内容的质量，注意体系性、层次感。

再次，多媒体教学将网络引入了教学课堂，可以使学生与社会现实距离更近，了解到更多的社会信息，但也要注意使用理论和实践相结合的教学方法，不能一味地追求理论罗列或与社会接轨。

最后，多媒体教学法可以增加师生交流的机会，有利于师生互动，学生可以形成课堂小组，通过多媒体方式展示自己学到的内容，在提高自身能力的同时加深对知识的印象。

3. 实践教学法

（1）实践教学法的概念

亚里士多德最早提出了关于实践的论述，他认为实践重点包括道德性实践与日常生活实践。马克思主义实践观进一步研究提出，实践是人类独特的存在形式，能够培养人、塑造人和改造人。教育过程本身就是一种实践过程。实践教学法可以作为一种教学的实践模式，基于实践方法开展教学活动，与课堂讲授法相辅相成。它一般体现在教学过程当中，核心形式是以学生作为主体的教学活动，教学目的在于提高学生的综合素质，是一种创新的教学观念和教学方式。

实践教学法主要通过实践教学活动达到教学目的，二者之间是抽象与具体、目的与方式的辩证关系，紧密联系，协同互动。实践教学法决定了实践教学活动的方向和方式，实践教学活动的良性开展则能保证实践教学法的有效应用。值得注意的是，这里所讲的实践教学活动不同于传统的课外实践活动，传统的课外实践活动主要定位在课堂之外，易受时间、场地、人力和财力等因素影响，极易流于形式或被边缘化，效果也随之大打折扣。因此，我们要突破固有的思维模式，创新性地运用实践教学法，认真学习并实践相关的教学方式，结合实际研发有实践性内容的教学活动。

（2）法学教育实践教学法的概念

在法学教育教学中运用实践教学法，是指在法学教育教学过程中设定特定的情形，有针对性地布置与教学内容相适应的实践任务，从而使学生直接走进日常生活中，运用课本知识来处理现实生活中的问题，使学生能够明辨是非、文明守纪，学会运用法律武器维护自身的合法权益。它的表现形式灵活多样，既可以是课堂上的辩论、表演和讲座，也可以是课外的参观、调查和访问。

实践教学活动摒弃了理论教学中的灌输式教学方式，学生成为核心要素，教师则转变为组织者、帮助者。根据活动场地的不同，实践教学活动可以分成三种形式，分别是课内实践教学活动、校内实践教学活动和校外实践教学活动。

在法学教育教学中，我们可以借鉴实践性教育教学模式，让学生更多参与到实践中来。实践是检验真理的唯一标准，而法学是一门实践性强的学科，这就要求学生必须坚持学习理论知识，锻炼创新思维，做到熟练运用理论知识，与社会实践相统一。

在具体表现上，实践教学法有以下要求：首先，要进行实践教学环节，使学生更熟练地掌握理论知识；其次，要注重知行合一，因材施教，将强化实践教学当作主要任务，加大实践教学的投入经费，积极调动各方社会资源，建立实践基地等；最后，要改变重理论轻实践的教育教学模式，使实践教学真正地从思维角度得到推广。

（3）法学教育实践教学法运用的原则

主体性原则。在法学教育教学中运用实践教学法，能改变学生只能被动接受知识的局面，积极引导学生自觉融入其中，将活动的主导权交还学生。在教师讲授完知识点、说明实践教学活动规则之后，学生便成为实践活动的主体，教师要给学生提供充分展示自己积极性、主动性、创造性的舞台，让学生在不同形式的实践教学活动中有所体会与感悟，将所学法律知识"活化"为主动感知、接受教育的教学实践活动，倡导以实践教学活动的方式让学生体会法律意识，助其抵达懂法、用法的法律境界。比如在实践教学活动中，教师可以以"导演"的身份参与其中，针对学生反映的问题和遇到的困难规划活动。活动准备阶段可以让学生提前参与，营造良好氛围；活动实施阶段要顾及每一个学生，教师可将实践教学活动向课后和生活延伸，让学生踊跃提出富有建设性的建议。

举例来讲，某市发布了禁止燃放烟花爆竹的通告，在城区内只有除夕、正月初一、正月十五这三天在规定的时间内可以燃放烟花爆竹，其余时间是不允许燃放的。教师可以根据通告的相关内容，开展丰富多样的实践教学活动。活动可以围绕传统民风民俗、文明城市建设、安全问题、新型生态环保庆祝方式等展开；或者开展一次调查活动，让学生以调查问卷的形式了解自己生活场所周围原先燃放烟花爆竹的情况（时间、地点、原因、数量、对环境的影响），居民对通告的了解程度和提供燃放烟花爆竹服务的宾馆、饭店和婚庆公司今后如何应对等，最终形成详细完备的调查报告；或者利用节假日、周末休息时间带领学生到城区农贸市场、农村大集等人流密集地区发放倡议书，倡导市民充分认识禁止燃放烟花爆竹的重大意义，主动移风易俗，不断改善环境质量。总而言之，通过以上一系列实践教学活动，让学生真正了解到燃放烟花爆竹的危害，认真遵守通告的各项要求，争做遵纪守法的好公民。

层次性原则。不同的学生往往有各自独特的发展方式和知识接受程度，且随着年龄增长而变化，因此实践教学要有层次性，要循序渐进，帮助学生形成健全的人格。教师在设计实践教学活动时，应按照学校和教材要求，结合学生不同学习阶段的不同特点，由简到繁，从易入难，逐层递进，先从身边小事做起，将法律内容转化为学生的行为习惯，在此基础上再进行法律通识教育，推动学生向推崇法治、追求美好理想等层次转变。

教师可以充分利用"学习强国"这个学习平台作为第二课堂开展教学活动，逐步提升学生的法律水平。比如：设置新闻栏目，及时跟进时事政治和社会热点，使学生可以迅速了解社会上发生的事件，如澳门回归22周年、我国第一艘国产航空母舰山东舰交付海军等；设置交流栏目，为课堂讨论提供素材和话题，将讨论的战场由课堂转到线上，加深学生对所学知识的理解；设置游戏栏目，安排知识问答、抢答、竞猜等一些趣味性小游戏，寓教于乐，使枯燥的理论知识鲜活起来。"学习强国"还专门设有"实践"栏目，教师可以从中汲取灵感，拓宽实践教学思路，学生同样也可以增长见识。

灵活性原则。提高法学教学效果的核心是将认识转变成驱动力，这要求教师创新教学方法，按照国情、市情、校情和学生认知的规律和特点，以学生的喜好作为重要的出发点，通过学生喜欢、乐于参与的课堂形式进行教学内容的传递，在教学过程中要着重引入实践环节，并不断改进。

在确定实践教学活动内容时，要从学生的实际情况出发，充分考虑学生的兴趣、特长及个性差异，结合教材有所取舍。如在新冠肺炎疫情防控期间，学校实施远程学习教育教学工作。明确了远程学习教育的操作流程，知晓了系部、教研组、任课教师各自的职责后，教师便可依据学生的特点，实施分类教学。其间，先指导学生登录线上平台，通过在线课程讲授理论知识，再让学生写一份开展疫情防控的调查报告，重点了解预防新型冠状病毒的知识。

4.专题式教学法

（1）内涵

以专题形式进行教学的方法称为专题式教学法。教师以课程教学的目标为根据和前提，以新课标为基础，遵循科学性、系统性的原则，将教学中的知识点按照内在联系进行梳理整合，从而形成模块化专题，这些专题是具有独立性的。专题式教学能够从横向角度和纵向角度对法学学科知识进行整合、概括、提炼。

在专题式教学过程中，教师不完全按照课本上的章节顺序来安排教学内容，而是根据学生的思维模式和社会现实来确立各种专题，按照专题内容来讲述相关知识。这种方法不仅可以帮助教师把握时代变化趋势，而且更符合法律知识教育的系统性要求。

（2）基本特征

为适应社会发展的要求、培养创新型人才，法学教育必须转变传统的教学思想和观念，重视培养学生的探究学习能力、自主学习能力。在专题式教学中，学习的课题以教材提供的主题为主，但是例题内容和内容讲解顺序大都是由教师根据学生的认知规律、依据当地实际情况设定的，学生自己探索课题，并以个人和小组的形式展开探究。这种探究式学习的重点在于问题的实质，在于探究的过程，在于持续地探究。

（3）重要意义

在法学教育教学中运用专题式教学法可以促进知识的迁移。学生的认知规律与新旧知识的联系有很大关系，有了扎实的基础知识，才能更好地实现迁移。领会原有的基本原理与基本观念是实现迁移的基础。在专题式的法学教育教学过程中，教师应对教学内容进行有针对性的合理安排，使学生能够将新的法学内容融入已有的知识网络，这样可以有效加强同一个知识网络的法学内容的关联度，从而产生知识正向迁移的效果。

在法学教育教学中运用专题式教学法可以促进深度学习的形成。在某些学校的法学教育课堂教学中，还存在教师"包揽"过多、学生依赖性较强的现象。在学生的学习过程中，教师应作为组织者，组织好以学生为主体的课堂生态，通过问题串进行"追问"，能够使学生的思考空间变得更多，学生的参与机会与选择机会变得更多，学生在法学学习中的主体地位得以充分体现。专题复习课可以把"散乱"但有关联的知识"串联"起来，形成知识体系。这符合学生的认知规律，有利于促进学生的深度学习的形成，能激发学生的探究欲望，让学生感受到法学的魅力。

法学教育教学不仅要让学生拥有当今学习和生活中必要的法学知识和技能，更要施展法学在提升人的思维能力等法学核心素养上无可比拟的作用。法学教学要在依据学生认知规律和法学知识结构的基础上，挖掘新知识和旧知识之间的关联，引发学生的综合性思考。

"联系"与"思考"是专题式教学法的关键。新的知识不是通过教师教授得来的，是学生自己在特定的教学情境中利用已有的或搜寻到的学习资料，在他人的协助下获取的。专题式教学以学习者为核心，提倡自主学习，让学生积极主动地参与到实践中并能引起思考。专题式教学过程中的每一个环节都充分地尊重学生的主体地位，教师以引导者的身份为学生提供帮助。

5. 参与式教学法

（1）内涵

《现代汉语词典》（第7版）将"参与"解释为"参加"。参与其事，即加入某种组织或某种活动。"参与"对应的英文单词是 participate，是指个人的认知和情感都投入团队的活动之中，在活动中，激励个人以团队为目标与其他个体进行互动交流，为团队的发展做出贡献。

参与式教学法是指师生双方在平等参与课堂活动的基础上，教师引导学生积极地参与活动的教学方法。在教学过程中，学生进行自主学习和探究。学生在课堂活动中自主地探索知识以获取情感体验，促使学生在政治认同、科学精神、法治意识和公共参与等方面形成更加深刻的认识，不断提升自身的素养，实现综合发展。

（2）基本特征

主体参与性。教师在设计教学的过程中从教学内容的选择再到学习活动的参与过程，都充分尊重学生的课堂主体地位。主体参与教学强调的是学生的动态参与过程，教师通过创设情境以及设计活动，吸引并鼓励学生主动参与到教学环节中，在活动中引导学生构建知识体系以提高知识运用能力。

民主性。教师充分尊重学生的认知与感受，平等对待每一个学生，让学生在平等交流中感受到温暖，促使学生更加积极地、主动地参与教学活动。此外，教师应确保男学生与女学生、学优生与学困生之间的平等，为课堂教学活动营造平等、轻松和愉悦的氛围。

创造性。参与式教学法的顺利实施需要教师发挥其创造力，为学生创造平等、舒适和愉悦的课堂学习氛围。每个学生的知识面、看待问题的角度都是有差异的。学生在交流探讨过程中会产生新颖的想法，在各种想法的碰撞中，其思维创新能力得以提高。

合作性。参与式教学法实施的必要前提是双方进行互动，在互动中进行自主学习、合作学习和探究学习。在学生通过自主学习掌握了一定知识的基础上，再进行合作学习。

在合作学习中，每个人分工明确，都要完成既定的学习任务。但同时小组成员会为达成小组目标而相互沟通、交流、探讨，进行思维碰撞。在思维碰撞的过程中，学生的沟通能力、表达能力等多方面能力得到提升。

（3）重要意义

有利于培育学生的学科核心素养。学科核心素养是新课标中倡导的教师培养学生应达成的教学目标。在学习活动中，通过发挥教师的引导作用促使学生在政治认同、科学精神、法治意识和公共参与方面对教材知识产生认同感并形成正确的价值判断与选择。

通过合作探究活动，引导学生在对世界的认知层面保持科学的态度，对国家的重大路线方针政策产生政治认同感，坚定不移地走中国特色社会主义道路。通过学习我国的发展历程，促使学生坚持马克思主义的科学世界观和方法论，培养学生的科学精神，使学生形成正确的价值判断和价值选择。学生在法学教育教学过程中通过参与模拟法庭活动可以了解真实的法律案例、理解法律的运作机制、体会法律的作用，从而夯实学生的法律基础知识，锻炼学生的法治思维能力，从而提高学生的法治素养。参与式教学法还注重培养学生参与公共事务的能力。

教师运用参与式教学法将学生通过活动联系起来，促使学生从教师带领的浅层次的被动参与发展为自发自觉的深层次参与。在自觉参与过程中，实现平等对话与协商，以提高学生在团队活动中的沟通与协调能力。因此，参与式教学法的恰当运用所带来的教学效果符合法学教育学科核心素养培育目标的要求，促使学生理论联系实际，在发展中勇于开拓与创新。

有利于提高教师的教学水平。在法学教育的课堂教学中运用参与式教学法，不仅能为教师的教学方法提供多样化的选择，还能够提高教师的教学水平。首先，在法学教育中运用参与式教学法能够激发学生参与课堂学习的兴趣，能够为课堂营造一个良性的互动学习氛围。学生上课状态的改变能够为教师在运用参与式教学法方面带来信心上的提升。其次，教师理解、掌握和运用参与式教学法需要大量的理论与实践依据。在理论层面，教师通过阅读相关书籍和参考文献挖掘参与式教学法的教学资源。在此过程中也会潜移默化地接触和学习其他新型教学方法，为教师积极主动探索教学方法提供帮助。在实践层面，通过查阅和理解有关于参与式教学法的相关案例，有利于丰富教师运用参与式教学法的实践经验，以提高自身的教学水平。最后，在教育者与被教育者的相互作用下，教师运用参与式教学法所取得的成效，能够促使教师主动尝试运用多种教学方法，并且在具体教学实践中，不是将教学方法按部就班地用在某一教学环节中，而是能够熟练地运用于整个教学过程，实现教师教学水平的提高。

有利于构建和谐的教学人际关系。教学人际关系主要包括师生关系和生生关系。师生关系是指教师与学生在教育、教学活动中形成的相互关系，包括彼此所处的地位、作用和相互对待的态度。构建良好的师生关系有利于实现师生间的平等对话。

参与式教学法注重教学中教师的主导地位和学生的主体地位，实现师生之间的平等协商与对话。通过教师与学生间的多方面、深层次的互动，教师能够更好地理解学生并融入学生之中，学生也能够更加尊重、理解教师，使师生形成亦师亦友的关系。

参与式教学法还注重通过活动探究增强学生的课堂参与度，让学生在共同探讨、解决问题的环节中领悟团队的意义并学会与同学的相处之道。教师与学生都是发展中的人，都需要在学习中不断成长、发展。以参与式教学法为媒介，师生之间、学生之间能够相互尊重、共同成长。

有利于提升课堂教学效果。运用参与式教学法的基础条件是教师与学生双方要充分参与到课堂互动之中，在活动中完成既定的教学任务与核心素养培养目标。教师以引导、鼓励的方式将学生的学习兴趣激发出来，增强学生参与课堂的主动性和积极性。在活动开展的过程中，在为活动做了必要准备的前提下，学生不会在不知所措或不自信的状态下被迫回答问题，而是能够自信地与他人开展对话与探究。这为构建民主和谐的课堂氛围提供了有力支撑。

在轻松、活跃的教学环境下，教师可以引导学生发挥其主体性作用，实现课堂教学的有效参与。在自主活动中，教师适当地拓展与教学内容相关的课外资源或者学生自主查阅、学习相关内容，有利于开拓学生思维，培养创新精神。这样学生会有较大的自主权，能够独立思考问题，在学习当中与老师和同学团结协作，为提升课堂教学效果打下坚实的基础。

6. 探究式教学法

（1）内涵

对于"探究"，法国著名教育家卢梭（Rousseau）就曾指出通过独立探索自然世界，让学生学习知识并积累经验，把人的探究天性引入教学之中。但将探究正式作为一种教学方法来研究的是美国教育家施瓦布（Schwab），他表达出用科学研究的方式进行教学的态度，认为科学探究的教学方式有助于提高人们的科学意识。最终美国国家研究理事会公布的《美国国家科学教育标准》明确了探究式教学法的内涵是"以探究为主的教学方法，学科教学的中心环节是探究"，倡导科学教育，鼓励和支持学生的探索。

随后国内的学者纷纷对探究式教学做了研究。国内学者靳玉乐教授将理论与实际教学相联系，在他看来，"探究式教学实质上是一种模拟性的科学研究活动，教师给学生提供必要的帮助和指导，以确保学生经过探究后能成功地发现科学概念和原理"；徐学福教授从特定的角度来看探究式教学，认为其又是一种实用的实践操作模式，是在思想层面上的一种学习方法或指导思想。我国普遍对于探究式教学法的定义是"学生在教师指导下，为获得科学素养以类似科学探究的方式所开展的学习活动"。

由此可见，探究式教学就是促使学生探究构建知识的方法的一种教学形式。具体地说，它是指教师利用设置的问题情境，学生使用各种主体学习形式，如个人、小组或团体，使学生能够积极探索，使用讨论、合作和其他方法，并在教师的指导下进行探索，独立归纳结果，利用所学知识解决实际问题。探究式教学法是一种鼓励学生在探索过程中积极掌握知识，提高综合运用知识的能力，从而养成良好品性、形成健康人格的科学教学方法。

（2）基本特征

探究适用性。法学教育学科本身具有较强的社会性、时效性、生活性，在法学教育探究式教学中，教师采取的探究课题多为结合知识的现实问题、时政案例、生活现象等，对于这些问题的探究，更加注重与时俱进和实践效能，学生的探究结论就不应仅仅停留课堂知识层面，更应运用到现实生活中。这样的探究达到了理论与实践结合的目标，具有很强的适用性。

探究建构性。探究式教学不仅注重学生进行探究后所得出的结果，更重视探究这一动态的建构过程。没有建构的过程，就丧失了探究式教学的意义。学生只有经历过一个完整的探究过程，即发现问题、提出假设、收集整理、讨论分析、获得结论、亲身检验等环节，才能促进自身知识结构的构建与完善。

教学开放性。探究式教学要求充分发挥学生的主观能动性，在这种前提下，法学教学课堂在课题设置、教案设计、知识内容和学生参与等具体形式和教学方面都体现着相对的开放性。教师积极拓展课堂，师生互动和探究能促进学生思维的发散，学生的个性得到充分尊重，能够全身心地投入学习当中。

（3）重要意义

有利于新课改要求的落实和完善，展现法学教育的学科特点。对法学教育进行改革的目的就是要使其成为满足素质教育要求的基础教育课程。但课程改革不能一锅端，教学不可模式化，不得千篇一律。探究式教学符合新课程改革对学生知识生成的相关要求，是落实和完善新课程改革政策的重要教学方式。

抛开实际去谈论理论，将不可避免地使理论变得乏味，使教学变得空洞无聊，并使学生感到厌倦。探究式教学法以学生的主体地位为重点，根据学生现有的生活经验，结合时代特征提出问题，使学生可以更好地掌握理论知识，也可以发展自己的探究能力，符合现代社会教育的期望。因此，法学教育探究式教学展现了贴近学生生活、注重实践运用、与时俱进的学科特点。

有利于教师专业素养的提升，优化法学教育课堂教学效果。在探究式教学中，教师的角色和地位发生了转变，在教学活动中起到至关重要的引导作用。在探究式教学中，教师各种角色的转变对教师的知识储备、教学技能、专业素养和人格魅力都有着较高水平的要求。

教师必须创新角色定位，转变为合作型和探究型的教师，具有更高的教学水平，并保持谦虚的学习态度。为了保证法学教育教学目的的顺利达成，探究式教学不断提高对教师的专业要求，并鼓励教师在各个方面都要有所提高，这就有利于提高教师的专业素质。

在法学教育教学过程中，教师的探究式教学的"教"必然要与学生的主动参与的"学"相互作用，产生共鸣。以育人为指导原则的法学教育探究式教学课堂具有德育性和开放性的特点，使学生借助小组合作的力量，对知识进行独立探索并优化学习方式，在交流讨论过程中发散思维，进行情境体验。

7.其他教学方法

除了以上列举的几种教学方法外，还有很多教学方法，举例如下。

启发式教学法，此种方法是教师通过合理运用教学技能，结合教学实际情况，通过引导来调动学生的积极性，提倡学生通过自己的方式来获取知识的教学方法。也就是教师通过"授人以渔"来让学生学会"举一反三"。

评价式教学法简称"评中学"，是指学生从同伴、教师的评价中反思自己，培养和发展元认知能力的教学方法。教师在这一过程中，使用事先规定的评价标准，作为参与评价的一方，指导多元化的评价过程；学生则需向老师和同学汇报自己的成果，结合自评、他评和共评，从评价中反思得失。

此外，还有课堂互动式教学法等。各种方法层出不穷，因此要求教师在教授学生时要灵活选择和使用各种教学方法。

（二）灵活运用方法，形成教育方法体系

教学的内容复杂多样，教育的对象各具特点，教学的过程是一个灵活多变的过程，因此法学教育教学想要达到良好的教学目标，必须要在注重内容的同时形成教育方法体系。这就要求教师要以人为本，从学生的需求和特性出发，充分尊重学生的主体地位，调动学生的积极性，提升个人说服力，实现教学目的。

1.坚持理论结合实践

法学是一门以实践为中心的学科，这也是法学具有的独特性，要想教好这门学科，必须要将理论与实践相结合，充分运用实践教学法和案例教学法。在具体的法学教学中运用实践教学法，仅仅通过学校课堂是难以完成的，这就要求学校必须充分链接社会资源，为学生提供实践学习的机会。首先学校要积极推动学生进单位的活动，其次法院、人力资源和社会保障局、工商局、税务局、律师事务所等相关单位应积极与学校进行对接，方便学校组织安排学生到相关单位实地接受教育。另外，在法学课程之外，可以设置一些实践课，如组织学生到法院旁听劳动纠纷、合同纠纷、侵权纠纷等案件，到人力资源和社会保障局观看劳动争议的处理过程等，到律师事务所跟随律师观看劳动争议、

合同争议等的处理过程。在实践的过程中了解实际案例，将理论知识和法律实践结合起来，更好地开展法学知识的学习。

在具体的教学中，可结合模拟法庭的方式实现实践教学目标。具体实施方面，要求结合案例设置特殊情境，如仲裁现场等；教师组织学生分成多个小组，由教师分配或学生自行选择角色，了解个人负责的部分，教师或者做书记员的学生做好文书指导或记录工作，在实际模拟过程中控制好时间等。这就要求在教学设备上要设置模拟法庭教室，在教学水平上要求教师的法学水平要高，能够熟练掌握相关法律法规，深入解析多种案例，并且有足够的教学经验，能够准确充分地指导学生。

教师应鼓励学生在假期进入社区、企业等基层进行实习，用自己的法学知识帮助他人解决相关问题，并提前预演日后可能遇到的问题等，达到"学以致用"的目的。同时改革学生的考核评价方式，除了采用"考勤＋考试"的方式，还要加入实践能力的考核，要求学生积极参加模拟法庭。

在案例选择方面，要注意科学性、规范性、真实性、实用性，可以从最高院指导案例、裁判文书网上的真实案例中择优选用，可以着重选择和学生实习、就业相结合的案例。在案例中穿插知识点的讲解，学习《今日说法》的讲述方式，即先进行设问，调动起学生的兴趣，再逐步结合法条进行讲解。

下面以陈××诉金××包装制品有限公司一案为例，说明模拟法庭如何开展。

第一步：分配角色，十人一个小组，分别担任法官（三人）、原告当事人（陈××）、被告当事人（金××包装制品有限公司的法定代表人）、诉讼第三人（商××）、诉讼委托代理人（原被告方各一人，共两人）、证人（两人），教师作为指导者，从中加以引导。

第二步：熟悉庭前准备的流程，从庭前相关准备、陈××（扮演者）向法院提交诉状，法庭受理，向金××包装制品有限公司送达起诉状，被告提交答辩状，进行庭前质证，到正式开庭，所有学生都应当做到心中有数。

第三步：模拟开庭，先是书记员对当事人的情况进行核对，法官进入，由法官介绍案件基本情况，由原告宣读起诉书内容（本案中原告陈××的诉讼请求有三点，并相应提出了诉讼理由），后由被告宣读答辩意见（不存在劳务关系，不同意赔偿。理由是陈××是商××介绍的，为雇佣关系），在这个过程中，法官可以进行提问，归纳辩论的焦点，再进行法庭调查，后进行法庭辩论，辩论时陈××更改了诉讼请求，针对答辩提出了新的主张，再由法官进行调解，在不接受调解的情况下进行判决。

第四步：教师进行点评，针对所有"出演"的学生，点评其优缺点，指出知识掌握不扎实的地方、程序错误的地方等。

第五步：进行总结，学生针对模拟法庭相关内容和感悟进行总结，并计入考评成绩中。

2. 线上线下共同推进

线上教学早已有之。线上教学不仅改变了原来的教学手段，也为新型教学模式的产生奠定了基础。

在新冠肺炎疫情防控期间，全国法学教育专业的教师、学生及教学管理者经历了从陌生到熟悉的线上教学过程，顺利完成了教学任务。在此期间，法学线上教学发挥了重要的支持作用，产生了一些好的经验和做法。在疫情基本得到控制之后，教育部有关领导要求加强在线教学由"新鲜感"向"新常态"转变，不能退回到疫情发生之前的教与学的状态；要求以疫情期间总结出来的内容、标准、评价和范式改进现有教学模式。

在此背景下，慕课、微课堂也使学习变得更加便捷。对于知识点分散、内容复杂的法学来说，利用课余时间学习分散的知识内容也不失为一个好办法。

相关学校在线下开展法学教育时，应既采用多媒体教学法与课堂讲授法相结合的教学模式，即通过传统的板书设计、PPT展示、视频展播以及案例教学法教授课本理论知识，又要结合实践教学，邀请法官、市场监督管理局和人力资源和社会保障局的专业人员以及律师事务所的律师等到学校讲授实际操作经验。还可以让学生到上述专业人士所在的单位观摩案件实际处理过程，让学生在实践过程中丰富知识、提升自我。

在线下的科技手段运用方面，可以运用三维虚拟教育馆进行教学，让学生体会突发情况，让学生进一步认识到法学学习的重要性，时刻增强法律意识，规范自身行为，当自己遇到类似事件时，知道该如何处理。运用案例教学法时也可以采用智慧教室、三维虚拟教育馆等科技手段，把教材知识、事先筛选好的案例输入进去，激发学生对于法学学习的兴趣，把法律案例设置为具体情境，让学生在这样的虚拟活动中进入案例的学习。

在线上教学过程中，由于不能形成良好的师生互动的课堂氛围，并且难以进行实践教学，这就对教师提出了更高的教学要求，要求教师充分运用多媒体教学法，并提高个人的教学感染力。如何在不能及时通过学生的面部表情得到教学反馈的情况下调动起学生的学习积极性和主动性，成了线上教学的新挑战。

除了课堂教学外，教师还可以充分运用多媒体让学生进行"碎片化学习"，这也是现代普法的常用手段。例如，可以运用微信公众号进行法学知识推送，在课堂上提醒学生关注学校的法学教育微信公众号，每日进行一个知识点的推送，标题可以命名为"迟到就罚款？公司这种做法不合法""员工索要加班费，应当如何收集证据"之类，吸引学生的注意。内容设置要求精练简洁、知识点明确。或者结合最新案例，将知识融入碎片时间内，让学生在不知不觉中学习。还可以在微博上、在学校的就业网站上等，运用多种途径，让学生进行多样化学习。

3. 充分发挥师生的不同作用

课堂讲授法自古至今由于其受到环境的影响较小，成了必不可少的教学方法，在法学教育中同样如此。

一方面，必须坚持教师的主导地位。学校的法学教师要对学生的理论和实践学习起到引导和规范作用，因而对教师的思想政治水平、法律理论水平、实践素质水平都有一定的要求。教师应运用各种教学方法充分发挥自己的个人教学魅力，让学生在尽可能短的时间内掌握更多的法学知识。

另一方面，学生是学习的主体，提高学生的参与度对学生掌握好法学知识具有很大帮助。

四、优化评价体系，促进全面发展

科学合理的实践教学法考核评价体系，有助于对学生日常行为进行督促和制约，帮助学生提升各方面能力。因此，我们应建立更加科学合理的教学评价体系，注重运用终结性评价和表现性评价方式。

（一）科学确定评价主体

首先，法学教育教学评价主体的科学确定需要依据法学教育教学活动的特点。如我国某些高校法学院的模拟法庭或模拟律师事务所以教师指导学生代理模拟法律案件为主要教学活动，活动内容涉及法学教师、学生（模拟代理律师）、当事人（学生扮演）、司法机构（模拟）等各方主体。因此，要全面评价法学教育的各项教学活动，评价主体就必须包含上述各方。

要突出学生在评价中的主体地位，引导学生开展合理、客观的互相评价和自我评价活动，实现取长补短和自我激励。这时要注意保证评价的公平性、公正性和公开性，避免评价失真，应通过多方调查制定出合理的评价原则和标准。教师应依据学校制定的实践教学活动考核办法、考核要求、考核细化标准等，全方位、立体化地考核学生。另外，家庭教育是学校教育和社会教育的基础，家长也应积极参与到教学评价中来。家长可以把学生在家庭中的表现记录下来告知教师，发现问题时及时纠正。

其次，科学界定法学教育的教学评价主体，还必须遵循教学活动的内在规律、符合法律职业的外部需求。教学活动的内在规律要求法学课程的设计与实施必须充分体现教学目标、全面完成教学任务、切实提升教学效果，而这一切都离不开课程专家的积极参与和客观评价。

（二）灵活运用评价方法

法学教育中的学业评价一般指以国家、学校的法学教育教学目标为依据，选用恰当的、有效的工具和途径，对学生的知识和能力水平进行合理的价值判断的过程。

1. 综合运用定性评价与定量评价

在定性评价与定量评价的综合运用中，要重点强调定性评价在法学教学评价工作中的重要作用。

定性评价作为一种连续、动态的评价方式，整个过程由不同主体共同参与，能及时反馈评价信息。定性评价的这种特点正好与实践教学评价的要求相适应。

2. 综合运用自评、他评与互评方式

单纯的"教师评学"或者"学生评教"都会因评价主体自身因素的限制而造成评价结果不全面。因而需要综合运用自评、他评和互评的方式评价教学活动。其中，主要涉及以下三方面的评价。

（1）学校与学生的双向评价

学校与学生的双向评价主要是在学生与教师之间进行的，是传统的评价方式，但在此基础上，应将实践成绩加入总成绩中来，并调整期末成绩的占比，改变传统的三七分或四六分，具体情况如下。

关于教学评价的比例，一般来说由学校统一规定，有学者建议学校将评分标准分为三个部分，即课堂成绩、实践成绩、期末笔试成绩，分别占总成绩的20%、40%和40%，通过改变原本的期末占大比例的情况，让学生对平时的学习和实践应用重视起来。

虽然要严格评分，让学生认识到自己的不足，但也要注意鼓励，鼓励学生平时多学习，积极实践，熟练掌握课程知识，在遇到真正的问题时能够学以致用。

因此教师除了简单地用分数进行评价之外，还可以写评语或者当面进行点评，这有助于学生建立自信心，但可能会增加教师的工作量，若教师和学生数量差距过大，也可以改成小组点评，十个学生为一组。

学生对教师的评价分为两部分，除了填写教学评价选择题之外，也可以增加评语部分，但方式可以略有变化。可以进行"给教师的一封信"之类的活动，内容主要包括对教师的评价、对上课状态的满意度、对教师教学方法的建议，这样一来可以得到学生关于教学质量的反馈，有助于教师发现自己的不足，以及时进行改进和调整，还有助于拉近学生与教师之间的距离。长此以往，一定会形成良好的积极的双向循环。

（2）学校与用人单位的双向评价

用人单位常与很多学校进行合作，因此接触到的学生是非常广泛的，得到用人单位的评价对学校的教学有着很重要的意义，也有助于学校进行针对性的培养，特别是法学教育方面。

用人单位的评价有两个特点，一是它对学校评价时是从整体来看的，是宏观的角度，这与学校看每个学生的个体角度完全不同，对于学校的教育评价来说是一个新的方面；二是它的评价有一个与其他学校的学生相比较的过程，这对于学校的人才培养具有非常重要的意义。例如，两个学校分别有五十个学生在同一个单位工作，当此单位对 A 学校进行评价时，评价的是这五十个学生的整体表现，这样的评价对于学校的整体培养是具有良好意义的。另外，单位对A 学校的学生进行评价时，会在印象中与 B 学校的学生进行对比，即从整体来看，哪个学校的学生更优秀，哪个学校培养的学生更符合本单位对人才的要求，进而确定以后应该多招收哪个学校的学生等。几年过后，会产生一个潜意识，认为某一个学校的学生更优秀。因此，了解到单位对学校的评价对学校调整未来的培养方针具有非常重要的意义。

同理，学校对实习单位的评价也主要立足于宏观角度，学校通过收集学生对实习单位的评价，来对实习单位进行一个整体的观察和评价，这对于单位的未来发展来说也是非常重要的。例如，学校分别给两个单位输送了五十个学生，在 A 单位工作的学生反馈给学校的信息大多是正面的，而在 B 单位工作的学生反馈回来的评价信息大都平平无奇，只有很少一部分学生的评价是正面的，这说明 B 单位的工作环境或者工作内容等出现了一些问题。但是，单位不一定能发现这些问题。因此学校将相关信息反馈给单位，也有助于该单位进行调整改制。

单位将评价告知学校，学校对学生的教育方针进行调整，将更符合要求的学生提供给单位，单位会得到更好的发展，学校也会提高就业率，进而招收更多优秀的学生，至此形成一个完整的良性循环。

（3）学生与用人单位的双向评价

用人单位和学生是领导与被领导的关系，因此有必要注意二者进行双向评价时要进行匿名评价，这样可以得到更加真实的反馈。

单位对学校的评价是宏观的，但对学生个体的评价是微观的，对学生未来的成长有非常重要的作用。单位主要可以从两个方面进行评价，分别是个人素质方面和个人业务能力方面。其中，个人素质方面分为几个部分：工作方面，是否能按时完成分内工作，与同事合作是否愉快，工作是否有责任心，是否有良好的时间观念等；能力方面，是否能与上下级保持良好的沟通，是否具有良好的学习能力；思想方面，是否具有发现问题、解决问题的能力，工作中是否具有逻辑思维能力、决策能力，是否有自己的想法等。单位对相关内容进行评价，并将其反馈给学生，这对学生了解自己的优势和不足，以及形成良好的工作观，都有非常重要的意义。

学生对用人单位的评价建议也是有价值的。例如，学生发现每周五的工作进展比较慢，员工们都比较懈怠，给单位提出"周五上午开会进行总结，比工作继续进行的效果更好"之类的建议。

三角形是最稳定的结构，形成三方评价机制对三方都有非常重要的意义，会给各方带来积极的影响。三方评价程序的启动也不应该仅限于实习和应届毕业时，而应是一个中长期的评价过程。有条件的学校也可以引进第四方评价体系，寻找开设相同及类似课程的"兄弟学校"进行交换学习，进行相互评价或者盲评等，这些评价程序对检验学生的法学学习效果具有举足轻重的作用。

此外，评价方法还包括课堂评价、作业评价、检测评价和综合评价等，对学生在法学课堂上的表现可以针对所学知识的不同采取不同的考查方式。可以按照日常考勤、课堂表现、平时作业、单元测试各占10％，期末考试占60％的比重进行打分，将学生日常学习过程中的点点滴滴记录下来，如课堂上遵守纪律、参加实践活动积极踊跃、课后作业按时保质上交等，这些都可以作为成绩的加分点。以《职业道德与法律》为例，考查学生法律知识的学习成果，可以通过法律知识竞赛、情景剧表演来观察每一位学生的表现，对表现优秀的学生及时鼓励；对一些表现较差的学生，可根据实际情况给予指导。

（三）科学制定评价标准

法学课程的评价方式可以是学生个体之间的纵向比较，对比其受教育前后法律知识水平和法律意识的变化。评价标准的制定一般从等级标准、成果评价和能力水平等角度出发。

科学制定评价标准，使评价标准具有针对性和可行性，有利于发挥评价应有的功能，提高评价效率，保证评价质量。现行的法学教育教学评价标准依据各专业学科教学活动的一般共性进行设定，并不是针对法学教育教学活动专门制定的。因此，应完善现行的法学教育教学评价体系，制定科学全面的法学教育教学评价标准。

在教学实践中，从等级标准出发，可分成 A、B、C、D 四个等级，具体如下。

优秀（A，90—100 分）：符合要求，内容丰富，有理有据；观点鲜明，语言流畅。

良好（B，80—89 分）：较符合要求，内容较丰富，有理有据；观点较鲜明，语言较流畅。

合格（C，60—79 分）：基本符合要求，内容不太丰富，有理有据；但论述不够全面具体，观点不太鲜明，语言不流畅。

需努力（D，60 分以下）：不符合要求，内容过于简单；观点模糊，语言表述不清晰。

从能力水平出发，可分为六种能力，具体如表 4-1 所示。

表 4-1　实践教学活动测评要素

综合分析能力	对事物能从宏观和微观两方面进行充分的考虑，掌握其总体特点和组成内容
组织协调能力	依据实际情况制定相应的解决方案，有组织、有计划地开展决策工作，科学合理地利用周边资源，成员之间沟通顺畅，氛围融洽
主动性	具有自己的主观意识，面对阻力、困难时能保持头脑清醒，具备强烈的责任感，积极主动地去解决问题，能够抓住事物的主要问题所在，能提出创新性的方法
应变能力	遇到突发事件时，不慌张、不退缩，头脑冷静，情绪波动小，能迅速进行应对
沟通能力	能够准确地知道他人的想法并能准确地表达自己
语言表达能力	口齿清晰，表达流畅；内容有条理，富有逻辑；用词准确、恰当、有分寸；有感染力，有说服力

（四）完善司法考试制度

法学专业教育虽有其特殊性，但离不开我国教育体制的大环境。

现阶段，法学教育应当适应司法改革和社会的需要、适应行业发展和人才培养的需要，树立素质教育的培养理念，把传授法律知识和培养能力结合起来；进一步明确培养目标，对通识教育、职业教育、精英教育进行区分，提升全民的法律意识和法制观念，不断培养具有完整的法学理论体系、法律专业思维的精英人才。

法学教育制度的改革离不开考核制度的完善，在我国，设置司法考试制度的初衷是提高法律人才的能力和素质。

司法考试的改革，首先要改革考试形式。比例，德国的司法考试在笔试之外，增加了口试的环节，能够反映考生的综合素质和应变能力，这是作为法律职业人的必备素质。因此，有学者认为，对于国外经过时间检验的经验，我国可以适当地借鉴和引进，增加主观题的考查比例，并且在笔试结束后，增加口试或者论文等考查形式，通过更加直观的形式对考生的综合素质进行检验。

司法考试通过率经过高增长的十年，使得法律人才开始处于过盛的状态，个别年份的司法考试通过率达到了20%，平均保持在15%左右。法治越是发达的国家，成为法律职业者的门槛越高。法律职业作为精英职业，需要选拔最优秀的人才。无论是参考各国的通过率，还是结合目前法律人才过盛的现状，都应当适当下调司法考试通过率，稳定在10%左右。我国可以将司法考试分为两次进行，通过更为完善的选拔制度，严格把控法律职业人才的质量和数量。

第五章　法学实践课程教学的改革

近些年来，法学实践教学受到了人们的高度重视，加强实践教学，改革和完善法学教育，已经成为法律实务部门、教育主管部门及法学界的共识。法学实践教育课程的开设也已成为人们的共识。因此，非常有必要对法学实践教学的基础理论进行深入了解，以进一步推进法学实践课程教学的改革。本章分为法学实践课程教学的发展状况、法学实践课程教学改革的意义、法学实践课程教学改革的思考三部分。

第一节　法学实践课程教学的发展状况

一、法学实践课程教学的基础理论

（一）实践教学的概念与特征

1. 实践教学的概念

自改革开放以来，我国对教育的重视程度不断加深，尤其是在社会不断发展、竞争日益激烈的今天，高等教育不能仅局限于理论教育，更应该注重实践育人。

实践教学是一种基于实践的教育理念和教育活动，它秉承的是陶行知先生的"行是知之始，知是行之成""教学做合一"等学习与实践相结合的教育理念。它与理论教育相对应，指的是在教学过程中，以学生为主体，以实践活动为主要载体，发挥学生的主观能动性，引导学生主动参与、主动探索、主动创造，从而培养学生的实践能力以及提高学生的综合素质的新型教育理念。

它的着重点在于学生能力和个性的培养与发展，与课堂上的理论教学不同，实践教学注重学生的亲身体验，让学生在实践中掌握实际知识，增长能力，激发他们的创新精神，从而得到全面的发展，真正做到"知行合一"以及"教学做合一"，使得学生能在进入社会后迅速融入社会。

实践教学并不是一个狭隘的概念，从广义上讲，一切除理论教学之外的教学环节都属于实践教学。它包括教学计划内的课堂实践教学、综合实训、模拟训练等，也包括学生的第二课堂、军训、社会调查、社会实践等课堂外的实践活动。

许多人认为实践教学就是在课外进行的，是对理论教学的一种补充，属于"课外活动"，偶尔组织学生开展一些活动就属于实践教学，这种看法是非常片面的，也是对实践教学的一种误解。事实上，无论是课堂内还是课堂外都具有实践教学的属性，实践教学都应该贯穿始终，它是联系理论和实际的重要纽带，是一个整体性的概念。

2. 实践教学的特征

实践教学主要有以下几个特征。

（1）以学生为主体

与理论教学中由教师主导不同，在实践教学中，学生处于主体地位。一方面，对学生而言，在实践教学中，教师只是起到一个引导的作用，学生自己本身才是实践活动的参与者、组织者以及实施者。学生可以根据自己的意向或是特长，自行选择实践课题以及相应的实践活动和实践方式。这与现代社会各界尤其是教育界对高等教育质量改革的要求相一致，即强调学生的自主学习，坚持内涵式发展，强化学生实务技能的培养，提高学生运用学科知识解决实际问题的能力，坚持厚基础、宽口径，着力实现学生的培养规格达到社会的要求。

另一方面，对教师而言，教师需要根据学生所选择的实践课题因材施教，积极引导学生。只有让学生真正成为实践活动的主体，让学生积极主动地探索实践，才能体现出实践教学的意义，才能有效促进学生的全面发展。

（2）以实践和实际生活为导向

实践教学是以实际生活和实践为导向的。实践是检验真理的唯一标准。因此，只有通过实践才能让学生更好地理解和掌握课本上所学的理论知识，从而做到理论联系实际，更好地将理论知识运用于实际生活中。

对学生而言，实际生活中的问题是最为贴近生活的，同时也是最为感兴趣的，与枯燥的理论知识相比，学生更愿意全身心地投入实践活动中去，这也正是好的实践教学往往能取得不小成果的原因。

（3）实践教学以实践活动为载体

实践教学的开展主要是以相应的实践活动为基础的。它与理论教学不同，理论教学即使科目不同，上课的形式及方法也大同小异。但是实践教学根据学习对象的不同，所采取的实践活动和方式都是不同的。因此，每一门实践课程都需要根据课程内容设计具有自身特点的实践活动，让学生能够在各类实践活动中始终带着兴趣去主动学习新的知识，提高自己的能力。

（4）实践教学以提高实践能力为目的

实践教学的最终目标是提高学生的实践能力，激发学生的创新精神，从而提高学生的综合素质。

加强实践教学，提高我国学生尤其是大学生的创新实践能力是当前教育界面临的重要问题，它对于我们每个人而言都是至关重要的。在经济、科技、教育等领域飞速发展的今天，若是不具备很好的实践能力以及创新能力，等待我们的只能是被淘汰。因此，重视实践教学，加强实践教学是现在各所学校必须要关注的焦点问题。

（二）法学实践课程教学的内涵

法学实践课程是法学教育教学过程中理论联系实际的重要环节，主要包括实习、毕业设计、实践科研等内容，是学生在教师指导下，以实际操作训练为主，以获得感性知识和基本技能、提高综合素质为目标的一系列教学活动的总称。

总之，法学实践课程是采用专门的法学实践教学方法，丰富和提高学生的法律专业知识和实践技能的教学活动。法学实践课程的基本特征包括，充分发挥学生的创造性，培养和训练学生像律师、检察官、法官那样去思考法律现象、解决法律问题。

二、法学实践课程教学的教学理论

（一）基本教学方法

法学实践教学有着明确的理论支撑，即体验式学习；实践教学就是采用体验式教学方法的教学活动，又称"在做中学""寓学于行"。体验式学习的具体内容如下。

1. 体验式学习的概念

体验是体验式学习的核心与关键，它的内涵十分丰富。"由于体验概念起源于哲学，随后进入心理学领域，当前体验的研究成果在教育领域的应用最为广泛。"因此，不同领域的学者对此有着不同的体会与解读。

在哲学视域中，威廉·狄尔泰（Wilhelm Dilthey）认为："体验与生命范畴相通，是构成精神世界的基本细胞，如人们观察一幅画后所得到的整体感受。"而心理学专家对体验概念的讨论主要分为情绪理论、心理活动论和存在论这三个方面。

至于教育学领域，学者闫守轩"将体验看作人把握自身与世界的一种思维图式、一种整体性的思维方式"。当体验走进学习活动时，它将成为学习者建构意义、生成情感的活动方式。因此，体验逐渐成为学习者获取知识的有效方法。

体验式学习，也可被称为"体验学习""体验性学习"。实际上，关于体验式学习的概念，国内外学者并没有做出明确统一的界定。但是，较为普遍的观点是将体验式学习界定为，它是以学习者为中心，注重情境创设和情感投入，由学习者在亲自参与实践活动的基础上，通过体验、感悟、反思等方法习得新的知识、技能与态度的方法。

2. 体验式学习的特征

有关体验式学习的概念，学者们至今仍是众说纷纭。体验式学习的特征虽不统一，但结合相关研究中的理论分析可以发现，不同学者从不同维度对此进行了概括，如从学习过程的角度阐述并强调体验式学习的连续性、过程性和创造性等。这里主要着眼于学习者本身，突出学习者的中心地位、体验情境、学习行为和内化过程，在立足于体验式学习概念的基础上总结得出体验学习的主要特征。

（1）亲历性

体验式学习作为以活动为承载载体、以学习者为中心的学习方法，最为基本和典型的特征便是亲历性，其他的几项重要特征都可以由该基础特征进行充分的延伸。"从体验产生的根源来看，亲历性可以分为侧重于主体对象的联想和判断的内在体验部分和基于实践范畴，侧重于主体对象对外部事物的主观感知或感官体验的外在体验部分。"

（2）情境性

体验式学习强调学习者在具体的活动情境中通过体验和实践获得知识经验，学习者在进行体验式学习的过程中是离不开具体的体验情境的，而且不同的情境会使学习者产生不同的体验与感悟，那么，体验情境自然不能是千篇一律、固定不变的。从这一点来看，体验式学习可以作为一种情境性学习来激发学习者的学习兴趣和内在潜力。不仅如此，教育者也可以根据这一特性充分利用现有的环境资源，结合活动目标、活动内容与活动特点为学习者设置一个有利于他们思考、学习与发展的情境。这一有利条件可以在教育者力所能及的范围内拓展其教育设计的空间，增强教育过程的可操作性。

（3）主体性

体验式学习是一种以学习者自身为中心，围绕学生的亲身参与、操作、感受、反思、实践和创造等一系列行为进行运转的学习过程，学生可以通过这一系列的体验行为充分探索和发现学习中的知识与问题，并尝试进行自我思考和解决问题，由此奠定了自己在活动中的主体地位。整个体验式学习进程始终以学生的体验、思考、行动和实践为主，注重他们的学习感受、价值取向和学习方式所带来的影响，极力突显着学生的主体意识在思维和行动上的觉醒。

（4）实践性

在体验式学习的过程中，学习者充分调动自己的身体、想法、感觉和行为，为求达到建构知识、提升能力、转变态度的目标。俗语有言：实践出真知。只有当学习者真正注重亲身的实践，并抓住一切机会在实践中思考和解决问题时，体验式学习方式相比于传统学习方式才能充分发挥作用，从而进一步突显其实践性特质。

（5）反思性

学习者在体验式学习的过程中由依赖到自主、由被动到主动、由量变到质变、由接受性学习到创造性学习的转变是其充分反思的成果。如果具体的体验是体验式学习的基础，那么反思就是体验式学习的关键。在进行体验式学习的过程中，学生在情境中的亲身体验始终需要积极反思的加持，他们在与环境的相互作用中完成知识与经验的建构，之后反复琢磨这些知识与经验，这一反思的过程帮助学生将情境中积累的内容吸收、内化为自身的知识。

（二）基本课程类型

实践教学课程是指把实践教学作为重要和首要的教学方法的课程。在法学实践课程中，学生会在担当法律人角色或者在对法律实务进行观察的过程中用亲身体验来指导自己的学习。

结合前述实践教学的内涵，本书认为法学实践教学（又称"实践性法学教学"）课程主要包括法律诊所课程以及假期实习两种类型。

1.法律诊所课程

美国学者柯德林（Clendenin）认为，法律诊所课程的经典定义是"在律师或者法学教师的监督下，在学生参与实际办案的过程中，培训学生处理人际关系（即会晤、辩论、谈判）的技能"。

（1）法律诊所课程的特点

从法律诊所课程的概念出发，法律诊所课程突出实践性，兼顾理论性，致力于让学生成为一个真实案件的参与者。法律诊所课程有别于传统法学教育，具有以下几方面的特点。

第一，真实性。学生在法律诊所课程设置的真实场景中，所使用的案例为真实的正在发生的案件，所面对的当事人、证人、对方律师、法官等均是现实中具有真实身份的人，所经历的过程也是真实发生的，而不是虚构的、模拟的。

第二，应用性。法律诊所课程在促进学生将法学理论与法律实践相互结合方面进行了有益的探索。法律诊所课程要求学生将法学理论应用到法律实践中。首先，应用的前提是学生需要全面学习法律专业知识，提高法律知识储备量；其次，法律诊所课程教学内容的设计亦具有应用性，且有其自身的教学规律与教学手段，能够教给学生对法律问题进行"把脉问诊"的方法与技术，使学生熟练掌握应用法律规范的方法。

第三，开放性。在法律诊所课程中，学生需要为当事人提供法律服务，那就必然会与当事人、证人、对方律师等进行接触，在此过程中学生能够提高法律职业技能。这就决定了法律诊所课程所面对的是开放的环境，所接触的人和事亦是开放的而不是封闭的。同时，开放式的法律诊所课程不仅能够让学生向教师学习，也能够促进教师与学生之间的互动交流、学生与学生之间的相互学习，培养学生的团队协作能力。

第四，评价体系多元化。法律诊所课程拥有较为多元的评价体系，包括学生自我评价、社会评价、小组内互评、教师评价四部分。由于学生在法律诊所课程中面对的是开放的人和事，学生所承办案件的成败得失、当事人的满意度、教师与其他同学对学生在提供法律服务时的整体评价等，均会对法律诊所课程的结果产生影响。仅靠传统的考试评价方式无法全面衡量学生在法律诊所课程中的表现，因此必须由不同角色从多个角度进行综合评价。

（2）法律诊所课程的目标与功能

法律诊所课程的目标与功能可以概括为以下几点。

第一，推动法学教育的实践化。法学教育作为应用教育，不能简单地局限于理论知识的灌输，更重要的是教会学生用理论知识去解决现实中的社会问题。

一名合格的法律人才，不仅应通晓法律知识，而且应具备相关的学科知识；不仅要掌握大量的法律规定，而且必须具有严密的法律思维逻辑；不仅应具备超强的法律推理能力和法律运用能力，而且应当有良好的职业操守。

法学教育在课程设置上，应当兼顾专业知识与非专业知识、国内法渊源与非国内法渊源、事实判断与价值判断以及法学思维的训练等多个方面。法律诊所课程作为实践性法学教育所强调的正是教与学的互动，这无疑为当前的法学教育注入了新鲜的血液。

第二，提高学生的职业综合素质。法学教育，首先是职业教育，而且应当是法律职业的通才教育。法律诊所课程的出发点就在于通过引导法学专业的学生参与实际的法律实践过程来培养学生的法律实践能力，使学生能够像法律职业者那样去思考问题。这也体现了法律诊所课程较案例教学法的进步。案例教学法的自身局限就在于不能提供完整的案件信息。案件事实是已经发生的事实，探明案件事实的过程实际上是通过现在的证据去再现已经发生的案件事实或案件发生的过程。

法律诊所课程除沿袭案例教学法的经验式教学方法外，还借鉴了医学领域的临床教学模式。它置学生于真实完整的案例中，让学生通过自我动手能力去探究案件的处理过程。法律诊所也可以采用不同的教育形式，如经验式的、实践性的或者主动性的训练。在处理具体的案件时，学生不仅要熟悉实体法知识，还要对程序法有系统性的理解，要擅于统筹各部门法的知识并加以运用。在为当事人提供法律建议时，学生除了单纯提供理想化的法律解决意见外，还需要懂得权衡当事人利益、法律、道德及情感等各种现实的因素。

第三，丰富和完善多元化的纠纷解决机制。多元化的纠纷解决机制是指在一个社会，多种多样的纠纷解决方式以其特有的功能和运作方式相互协调地共同存在，所结成的一种互补的、满足社会主体的多样化需求的程序体系。除了传统的诉讼解决机制外，还存在着非诉讼也就是替代性解决纠纷机制（Alternative Dispute Resolution，ADR）。

在我国，替代性纠纷解决机制是民事诉讼司法改革的产物，由于其具有超越诉讼程序的高效便利性和经济价值而备受推崇。

（3）法律诊所课程的基本原则

第一，以学生为主的原则。学生参与法律实践是法律诊所课程的核心，并且学生是法律诊所课程的主体，因此，法律诊所课程必须坚持以学生为主的原则。

首先，学生是案件的承办者，是法律问题的分析者，是法律文书的撰写者，要发挥好主角的作用。当然这并不代表教师在法律诊所课程中的缺失，相反，在此种情形下，教师更应该努力扮演好课堂组织者、引导者、辅助者的角色，加强对学生在学习中的引导和帮助，促进学生更好地学习。

其次，法律诊所课程的内容应根据学生在提供法律服务过程中遇到的实际问题来确定，是动态变化的，并且这些问题是由学生主动发现的，而不是虚拟的、假设的。

最后，在法律诊所课程中，教师要让学生发挥主体作用，激发学生的主动性，培养学生自主学习的能力。学生在一开始面对真实案件时兴趣会很高，但是这种"兴趣"可能会因为案件难度大、过程枯燥，以及学生尚未形成较强的法律职业责任感而逐渐消失，因此教师要激发学生学习的积极性，创设能引起学生主体意识的课堂氛围。

第二，实践性原则。法律诊所课程要求学生立足实践。一方面，学生需要会见当事人、了解案件情况、收集证据、进行法律分析、与其他当事人接触、起草法律文件等，这些均是实践的过程。在这一过程中，学生的语言表达能力、法律分析能力和文书写作能力等多方面都能得到实战锻炼，相关能力水平均有所提升。由于真实案件过程中的利益博弈、案件的最终结果均会影响当事人的利益，因此对学生的法律职业素养也有较高要求。另一方面，学生将在提供法律服务过程中遇到的实际问题与所学法学知识对应起来，通过自身对问题的分析以及教师的指导解决问题，能够加深学生对法律专业知识的认识，提高自身法律知识水平及法律实践能力。

第三，经济性原则。由于法律诊所课程需要学生在真实环境中面对真实的案件，因此需要建设真实环境，需要学校提供办公场所、基本的办公用品等硬件设施设备并配备相关的人员。

（4）法律诊所课程的积极影响

法律诊所教育的引入打破了以往的法学教育模式，并且积极为社会群众提供法律援助，帮助社会上需要帮助的对象，在学校教育和社会援助方面取得了双赢的效果。

1）法律诊所课程对学校教育的积极影响

其一，法律诊所课程有利于弥补法学实践教学的不足。要想满足当前社会对应用型法律人才的需求，满足极具个性的"00后"学生群体的需求，学校的法律实践教学模式需要进行变革。在这种情况下，法律诊所教育的出现可以说是正当其时。

一方面，在法律诊所课程教学中，所有学习均围绕学生参与办理的真实案件展开，所提出的问题是学生在提供法律服务过程中遇到的真实问题，而解决问题的方法不受限制，没有所谓的"标准答案"。

另一方面，学生围绕案件开展法律分析与法律推理，亲自检索法律规范，主动与同学、教师一起讨论法律问题，甚至需要与对方当事人、律师进行谈判等，这些都增强了学生对法律实践问题的直观感受，训练了学生的法律逻辑思维能力。法律诊所课程的实践性、应用性、参与性弥补了现有法学实践课程教学的不足，锻炼了学生的法律实践能力、临场对抗能力、开拓性思维能力，提升了学生的法律职业能力与素养。

其二，法律诊所课程有利于改进法律职业道德教育现状。

法律诊所课程注重培养学生的法律职业素养，并且能够系统地、全面地引发学生对法律职业道德的重视，在学生心中树立起法律职业尊崇感，改进我国法律职业道德教育状况。

其三，法律诊所课程有助于扭转"重理论、轻实践"的观念。对于法律诊所而言，"实践出真知"一语道出了法律实践的重要性。法学是一门实践性极强的学科，没有经过法律实践就无法真正学好法律。

各级院校的实践性教育课程目前主要采用模拟法庭或者法律谈判的方式，这些课程多为选修课（在部分高校研究生课程中为必修课），而这些课程大多由教师主导教学。这类课程固然能让学生感受到现实生活中审判和谈判的氛围，可是这种"剧本化"的表现不能体现实践中处理事务的突发性和随机性，无法锻炼学生的应变能力和综合运用知识的能力。有些学生为了应付作业或者考试而变成"演员"，没有将自己真正融入角色之中。

法律诊所课程恰好弥补了这一缺陷，同时其实践性扭转了法学教育中"重理论、轻实践"的观念。法律诊所教学对以往的课堂学习是一种冲击。授人以鱼不如授人以渔，让学生设身处地地为当事人考虑，投身于真正的现实环境之中，运用所学知识分析问题、解决问题，比课堂上教师的灌输更有效。实践是学习法律最好的教师。法律诊所教育从单纯的由理论去指导实践的演绎式模式到通过实践获得更加全面的知识和技能的归纳模式，让学生学会从实际的个案着手探索法律的精义和对社会的意义。

其四，法律诊所课程有助于解决各部门法之间的"分割"问题。在国外学院制的教学模式中，"兰德尔"模式一度占据着法学教育的主流地位。在我国，案例教学法也经常会被教师应用于课堂教学之中，一条法律法规可以用最直接的方式体现在案例中，方便学生学习掌握。例如，在婚姻法课堂上，教师会教给学生离婚的基础条件是双方感情破裂，夫妻双方可以协议离婚，亦可起诉离婚，如果涉及损害赔偿，教师就会将《中华人民共和国民法典》的相关规定告诉大家。至于如何认定双方感情破裂、协议离婚的协议内容有哪些并没有涉及，这就体现出传统意义上案例教学法的局限性。

在法律诊所教学过程中，学生会像律师一样参与从接待当事人到最终解决纠纷的全部过程，这样会让学生对案件有一个全局、整体的把握。同样，实践教育也会反作用于理论学习，在实践过程中，学生能够迅速了解自己尚未掌握的法律知识、专业技能。这种反馈学习更能加深学生对专业理论知识的印象，让学生在掌握专业知识的同时，将其灵活运用于实践之中，以我所学，为我所用。

其五，法律诊所课程有助于改变学生的"法官思维"。课堂中，教师教育学生要站在客观的角度看待法律问题、分析法律关系，从客观公正的角度认识法律关系、解决法律问题。但是，学生长期站在客观公正的角度分析问题很容易就会形成一种视角定式，要求自己不偏不倚，理性全面地看待法律问题，这种思维我们可以称它为"法官思维"。法官处于审判的正中，在原被告（控辩）双方陈述事实、提供证据后，要结合双方情况进行判定，最终得出客观公正的判决。法学教育是培养职业法律人的摇篮，不是单纯培养法官的生产线。"法官思维"的不足在今天已经被教育界所正视，中国的替代性纠纷解决机制可以有效节约司法资源，以替代法官审判的方式使当事人双方的纠纷得到有效、快捷的解决。

其六，法律诊所课程有助于培养学生的法律职业道德和社会责任感。

法律职业道德的养成。学生在法律诊所的经历使其更加明确，他们要将自己的经历用于未来的职业生涯中。教师在讲授法学知识的同时，常会忽视学生对于法律职业道德的学习，有些学院会将法律职业道德列为选修课或者在研究生阶段才会系统学习，这样分而习之的理念不利于学生整体法治观念的养成。法律诊所可以利用法律援助实践和诊所互动教学的优势，有针对地对学生开展法律职业道德教育，从而在法律职业道德还无法成为独立课程的情况下，为学生提供一个法律职业道德教育的平台。

社会责任感的形成。为弱势群体提供免费法律援助，可以让学生感受到在实际生活中，群众对于法律援助的迫切需求。基于此，学生会产生非常强烈的社会责任感，在现实生活中运用法律知识去为群众排忧解难，树立牢固的法治信仰，为建设法治社会贡献出自己的力量。

其七，法律诊所课程有利于满足新生代学生群体的学习需要。新时代的大学生大多为"00后"，他们具有鲜明的时代特点。学校不能完全照搬过去的教学方式，应该设置既能够激发"00后"学生的学习热情，又能够帮助新生代学生树立正确的世界观、人生观、价值观的实践课程。

法律诊所教育作为一种新的法律实践教学方法符合新生代学生对学习的要求，能够激发新生代学生群体的学习兴趣。法律诊所教育以学生为主，需要学生打起十二分精神为当事人提供法律服务，将自身原有的知识经验与实际的法律问题相联系，寻求解决问题的方式方法，并在实践过程中加深对专业知识的理解。整个过程不仅训练了学生的法律职业技能，还培养了学生的职业责任感，并且提升了学生的学习兴趣与课堂效率，是一个多赢的过程。

其八，法律诊所课程有利于提高法学专任教师的教学积极性。传统法学教育模式是"填鸭式"的法律知识教育，教师习惯于在讲台上侃侃而谈，学生在讲台下洗耳恭听和记笔记，这仍然是以理解法律含义、传授法律知识为宗旨的教育模式。由于新生代学生追求自由以及平等，机械的、枯燥的、单方面的法律知识的"倾倒"已经无法满足学生对于知识学习的要求。教师面对这种情况心有余而力不足，课堂氛围不好，教师的教学积极性也受到打击，教学质量也因此受到影响，学生无法获取知识，最终形成恶性循环。

在传统法学教育中还存在一个问题，由于教学大纲对于学校基础课程的设置基本以部门法学科的划分为标准，授课内容主要是现有法律条文以及各个部门法的基本理论，教师发挥创造性的空间并不大，无法按照自己的思路创新教学的方式方法。学校对学生评价的方式是以结课后的统一考试为主，而班级成绩排名、就业率等均会影响学校对教师的考核结果，为了维护自身利益，教师多采用传统的教学方式来确保班级学生的成绩。上述这些原因都不利于激发法学专职教师的教学积极性。开展法律诊所课程能够在一定程度上提高法学专职教师的教学积极性。

一是法律诊所课程对教师的综合素质提出了更高要求。法律诊所课程是从学生办理的案件出发，有针对性地训练学生的法律职业技巧，并在这个过程中完成对学生法律职业道德的教育，重点在于对学生法律职业能力的培养，这对法学专任教师提出了更高的要求。一方面，教师应当具备扎实的法律知识理论功底，能够系统教授学生法律知识，促进学生法律知识体系的建立；另一方面，教师应当具有丰富的实践经验，能够指导学生在办理真实案件时解决遇到的问题。因此，为确保教学效果，法学专任教师必须提高自身的理论水平与实践能力。

二是法律诊所教育的教学方法实现了教师与学生的互动式教学。法律诊所课程以学生为主体，教师只起到指导者和辅助者的作用，因此在课堂上学生的学习热情更高，而且学生所学的知识也是在提供法律服务过程中学习到的，是动态的，学生的心理状态从"要我学"转变为"我要学"，能够与教师形成良性互动。这也使课堂的氛围更加和谐，教师有更多的动力备课。

三是教师在法律诊所教育中发挥的作用更加重要。法律诊所教育的目的依旧是让学生在提供法律服务时学习法律知识与技能，而并非让学生办理案件，案件只是教学内容的载体而不是目标。因此，学生提供法律服务的案件需要由教师决定，教师根据学生的学习进度选择适合学校教育的案件让学生办理。学生的学习始终在教师的指导下进行，而不是完全脱离教师独自进行学习。在这个过程中，教师需要查阅与案件相关的资料，同时选用适合的教学方法，采用灵活多样并且有针对性的教学模式。

2）法律诊所课程对于社会援助的积极影响

其一，法律诊所课程教学有利于提供新的法律咨询途径。当事人在遇到法律纠纷时，会求助于法律方面的专业人才，他们第一时间想到的就是律师。法律诊所的出现为当事人开辟出了一条新的咨询求助的途径。诊所学员可以通过多种形式的宣传，例如，派发宣传手册、设立普法宣传点、设立咨询处等方式，让社会大众了解到法律诊所的存在。

其二，法律诊所课程教学有利于帮助社会弱势群体。考虑到社会弱势群体经济拮据以及法律诊所设立的初衷，诊所会为请不起律师的弱势群体提供无偿的法律援助。为弱势群体提供法律服务也是诊所法律教育的目标之一。也正如有的美国学者认为的："诊所是在法学院指导下的法律援助组织，它有双重作用：一是作为一种公共服务为弱势群体提供法律援助，二是以诊所的教育方式提供法学教育。"

目前一部分律师在接收案件时，会有选择地进行接收，即是否接收要看该案件标的额的大小、诉讼期间的长短。社会弱势群体所涉及的法律纠纷通常为小额债权债务、劳动合同纠纷、侵权纠纷、行政复议和行政诉讼，这些案件恰恰是部分律师不愿意接收的，这直接影响到对当事人合法权益的保障，影响了当事人合法权利的及时行使，不利于当事人维权。法律诊所保护了社会弱势群体的合法权益，为其提供无偿的法律援助，积极地为其找到解决纠纷、化解矛盾的方法，保护他们的合法权益。

（5）法律诊所课程的实施基础

1）法律诊所的人员组成

我国法律诊所的人员主要由大学法学院（系）的专职教师、学员及诊所行政秘书组成，部分院校的法律诊所还会设置客座教师，这些客座教师主要包括法院法官（或退休法官）、职业律师以及基层法律工作者。

诊所教师。诊所专职教师的数量较为固定，每个诊所的指导教师数量一般为3～4人，每位教师平均指导10位左右的学员。诊所教师主要是学校教学一线的教授和副教授。诊所教师必须要有扎实的理论功底和丰富的法律实践经验，并且具有律师资格，这样不仅可以担当起诊所的教学工作，还可以正确指导学员学习理论知识和参加实践活动，为学员的学习和实践护航。客座教师主要是校外职业法律工作者，如法官、执业律师、基层法律工作者，这些人具有丰富的法律实践能力和处理真实案件的经验，可以站在职业角度为学生提出建议。

诊所学员。由于每位教师平均指导 10 位左右的学员，所以每期学员的数量一般控制在 30～40 人。各个学校设立的诊所根据指导教师的能力范围划定本期的学员数量。法律诊所提倡小班教学，控制学员数量有利于保证学员素质和教学的全覆盖。每期诊所学员的学时为一学期，一般为 3～4 个月。通常招收每一期诊所学员的方式为公开宣传加笔试、面试的形式，通过各种宣传方式呼吁学生踊跃报名，并对报名的学生进行统一测试，通过测试即可成为诊所学员。

行政秘书。每个诊所一般都配备一名行政秘书，可以由学校助教或者在读学生志愿者担任，主要负责师生间的上传下达，做好诊所的后勤保障工作，是诊所有序运行不可缺少的一环。

2）法律诊所运行的基本条件

法律诊所教育为我国改良现有实践教育方式提供了借鉴模式，弥补了我国法学教育在现阶段的不足，将法律诊所与法律援助有机结合具有普遍意义。

很多学校原有的法律诊所课程主要由法律系的专业课教师讲授。目前，按照岗位聘任的基本要求，我国各级学校的教师平均每周至少应当承担 10 课时的授课任务。在这种情况下，法律诊所教育继续由法律系专业教师兼任显然不尽合理，因此，这些课程应当由担任实验任务的教师来完成。除此之外，很多学校尝试聘任一些职业律师，或者已经退休但热爱教育事业的法官、检察官担任法律诊所课程的专任教师，以保证有关教学活动的开展。

3）法律诊所设立的模式

法律诊所的设立是开设法律诊所课程的基础，学生需要通过法律诊所为当事人提供法律服务。在实践中，法律诊所设立的模式有以下几种：①模拟型法律诊所，模拟诊所不办理真实案件，只进行模拟训练和活动；②校内法律诊所；③校外合作型法律诊所，即与其他独立的机构如律师事务所等合作设立的法律诊所。

在学校法学教育阶段，学生的法律知识储备较少，学校的师资力量也较弱，因此要想确保法律诊所课程能够应用在相应学校，需要考虑法学教育的现实情况。有学者认为，开展法律诊所教育，可以采用模拟诊所与校内法律诊所相结合的方式。一方面，这两种法律诊所模式对场地、经费的要求较低，可以充分利用现有条件设立，且更容易进行管理，能够确保法律诊所课程按照既定的教学目标进行。另一方面，模拟诊所以真实案件中存在的法律问题、庭审程序为基础，全流程模拟整个法律实践活动。诊所教师可以根据学生的具体需要着重进行某一环节或者阶段来训练学生的实践能力，为学生在真实法律诊所的实践打下基础。

校内法律诊所多以法律咨询、民事纠纷调解等非诉内容为主，较之诉讼难度略低，由于学生的法律综合能力有限，且法律准入门槛提高，学生在就业后应用更多的是咨询、调解等非诉技巧，因此需要加强对学生非诉技巧的训练。

另外，法律诊所教育按照是否在课堂内进行，分为课堂内教育和课堂外教育两部分。课堂内教育以课堂上的讲授、讨论、模拟为主，即由任课教师讲授法学理论、法律条文等理论知识，进行协商、辩论、询问等法律实践技巧的模拟训练等内容；课堂外教育主要是实践性技能教学，即由学生实际参与各种法律咨询、协商、调解等非诉讼法律服务活动，或参与仲裁和诉讼等法律代理及辩护活动。

4）法律诊所课程的主要内容

法律诊所教育突破了传统法学教育模式，具有非常积极的现实意义。法律诊所课程通常以真实案件为教学内容，由课堂教学和课外实践两部分组成。

课堂教学部分。在课堂互动交流中，教师要让学生自己获得事实和法律上的认识和判断，一改"满堂灌"的传统做法，主要采用"学生为主、教师为辅"的教学模式。传统课程教学内容侧重于书本知识的讲授，基本是从抽象的概念、原则入手，最终落实到法条含义的阐述上，而不太注重对于实际案例的分析、研讨和解决。在诊所课堂中，教师通过案例让大家自由阐述自己的观点，通过头脑风暴、分组讨论的方法使学生畅所欲言，在对学生的发言进行记录后，最终对学生进行引导、纠正。

课外实践部分。诊所会在校园内设立法律门诊值班咨询室，并且联系学校所在市区的基层法院，在法院立案大厅设立诊所咨询站，为弱势群体提供无偿法律服务，自主完成案件的咨询、代理任务。以小组为单位进行援助，参与案件代理的全过程，可以让学生感受到压力，同时也更有动力，遇到无法解决的"急诊"情况，可以第一时间联系诊所教师或者法院工作人员寻求帮助，并将"病症"详细记录，事后及时向教师反馈，填补知识漏洞。这种实践活动让学生的法律知识和实践经验得到极大的丰富，专业能力明显提高，法律诊所课程因此受到学生的认同和欢迎。

5）法律诊所的运行方式

法律诊所的运行形式主要参照美国法律诊所运行的模式，分为内设式真实客户法律诊所、校外实习法律诊所、模拟法律诊所。

内设式真实客户法律诊所主要是在学校内部设立法律援助站，接受真实当事人的法律咨询，要求诊所学员帮助真实的客户解决法律问题。

校外实习法律诊所主要是在校外让学生进行实践活动，主要有律所、政府机关或者非政府组织，主要在非教师的法律工作人员的指导下从事法律服务工作，法学院会将学生在这些办公室中获得的实践活动作为教学的基础。

模拟法律诊所有别于之前的两种模式，可以说是在之前法律诊所教育模式的基础上派生出来的教学模式，一般以课堂教学为主，学生在课堂上通过教师的讲授进行实务方面的理论学习。

我国的法律诊所教学主要也沿用上述三种教学模式，各学校学院根据自身的资金、师资、生源情况进行自主选择，或者将这三种教学模式进行混合，衍生出新型的诊所教学模式。

6）法律诊所课程的流程

在明确法律诊所课程的教育目标，根据学校自身实际建立了法律诊所（此处指法律诊所教育所需的办公场所、办公设备等硬件设施均已具备），并确定法律诊所师生后，就可以开始进行法律诊所教育。法律诊所课程一般包括四个环节：学生为某项诊所工作任务制定计划；教师与学生共同讨论计划；学生在教师的指导下实施计划；学生与教师对计划完成状况进行分析与评价。但是由于不同阶段法学教育的教学对象、教学目标有较大的不同，需要根据实际情况对相应院校的法律诊所课程的环节进行改造。以咨询类法律诊所为例，有学者认为一般的流程包括以下几方面。

其一，准备阶段。一般情况下，学生年纪较小，社会阅历较少，在真实的案件情境中，为了更好地保障当事人的合法权益，法律诊所教师要发挥更大的作用。第一阶段的准备工作就主要由教师发挥作用。首先，法律诊所教师要为法律诊所课程的开展营造一种开放、活泼的氛围，以提高学生的学习兴趣，减轻学生面对真实案件的压力。教师要尽快熟悉学生的学习能力、性格等基本情况，了解学生的专长，为法律诊所教育中具体的工作安排做好铺垫。其次，教师要对法律诊所开展的方式、涉及的相关知识进行讲授，还需要对法律咨询的基本流程、询问技巧、沟通技巧等进行介绍。最后，教师需要选择适合法学教育教学的案件。所选择的案件必须服务于法律诊所教育教学，不宜太难，也不能太容易。

其二，实施阶段。这个阶段是法律诊所课程教学的主要阶段，主要由法律诊所学生发挥作用。

第一步，教师选择好的案件由法律诊所进行接收并做好登记、分案工作，以法律诊所的名义与当事人签订委托代理合同，明确相关的权利义务，在签订合同后由法律诊所教师与法律诊所学生共同协商确定案件的具体承办人。

第二步，案件承办学生做好有关案件的各项准备工作，并制定相应的实施计划。如处理法律咨询案件时，需要分析案件的争议焦点、所需要调查的事实、当事人需要补充提交的证据等。在这个过程中，法律诊所教师及其他学生可以协助承办学生分析案件、制定相关计划。

第三步，教师组织学生以接收到的案件为载体进行模拟演练，目的是通过模拟演练找出学生在提供法律服务过程中可能存在的问题，并进行改正、完善。

第四步，学生为当事人提供法律咨询服务。这个过程主要由学生主导，教师要充分信任学生，并放手让学生实践，但是对于学生遇到的问题要及时进行引导和帮助其解决。在实施阶段，学生的法律理论基础、逻辑分析能力、语言表达能力及文书写作能力能够充分显现并得到锻炼，教师需要根据学生的表现情况及时调整教学重点，帮助学生更好地训练自身的法律职业技能。

其三，总结工作阶段。一方面是对学生的法律咨询服务过程及完成状况进行评价总结，在此方面必须将学生的法律职业素养评价包括进去。另一方面是整理卷宗。案件承办学生需要将提供法律服务过程中收集的与当事人有关的材料，如授权委托书、调查笔录、会见笔录等，与案件相关的材料，如起诉状、证据、法律文书等，以及对学生的评价总结材料整理归档。通过对承办学生法律实践活动的总结，查找弱点，提升学生的法律实践能力与职业素养。

7）法律诊所课程的评价体系

传统教学评价模式的评价主体和评价内容单一，缺乏动态的、系统的、全面的评价过程。而法律诊所教育以学生为主，需要由学生为当事人提供法律服务，涉及的主体包含学生、教师、当事人及社会其他相关人员。传统的教学评价体系不能客观地评价法律诊所课程，因此法律诊所课程需要构建自身的评价体系。法律诊所课程的评价体系指评价人员依据某种教育理念、课程思想或特定的评价目的，选取一种或几种评价途径所建立起的相对完整的体系。整个评价体系的主体多元、内容多样，评价过程是全程的、动态的，评价对象为法律诊所课程的活动、结果等有关问题，评价内容包括教师综合评价、学生自我评价、小组成员评价。

教师综合评价。在法律诊所课程评价体系中，教师综合评价贯穿法律诊所课程教学的全过程，包括对学生理解和运用法律知识的水平、学生在实践过程中体现的综合素质与内心意志、学生职业道德的表现、学生运用职业技巧的能力等内容进行评价。教师的综合评价对于学生总结经验教训、提高学生的法律职业技能与法律职业素养具有至关重要的作用，突出体现了教师在法律诊所课程中的指导作用。

学生自我评价。《职业教育提质培优行动计划》提出："完善以学习者为中心的专业和课程教学评价体系，强化实习实训考核评价。"学生作为法律诊所课程的主体，其自我评价和引导的过程对于培养自身的法律职业技能与职业素养具有十分重要的作用，是其成为一名"法律人"必不可少的过程。

小组成员评价。在法律诊所课程中，由于学生的综合能力有限，绝大多数案件需要由几个成员合作完成，这时候就可以采用小组成员相互评价的方式来进行。在提供法律服务过程中，小组成员对彼此熟悉，对于同学的法律实践能力变化感知更加明显，因此小组成员间相互评价更容易发现教师未捕捉到的细节，能够对教师的综合评价进行补充，同时，也能够反映出该同学的团队协作能力与沟通交流水平，促使学生发现问题并加以改进。小组成员相互评价能够提高学生的反思、反馈的技巧，为更全面地对学生的法律实践活动进行评价提供素材。

2. 假期实习

（1）假期实习的基本状况

实习是学生深入公检法等部门，直接接触法律现实问题，将所学知识在实践中加以验证和应用，学习和获取法学实践经验的过程；是实现法学培养目标，培养适应社会需要的高素质人才的重要环节之一。

（2）假期实习的组织和实施

第一，建立实践教学基地。实践教学基地是指学校充分利用社会力量和资源，为丰富学生实践教学内容、把学生放到第一线去学习和锻炼、让学生在真实的工作环境中应用所学的各项知识，与校内外各单位联合建立的教学基地。实践证明，实践教学基地为实践教学提供了良好的、规范有序的实践场所，极大地丰富了实践教学的内容。

第二，灵活安排实习时间。假期实习改变了原来那种集中实习的做法，赋予学生更大的选择权，由学生选择实习的时间，分阶段实习。实践证明，灵活安排这种模式符合学生的认知规律，使理论教学与实践教学有机结合，有利于理论知识的理解吸收和在理论指导下的实际技能培养。

（三）基本教学理论

法学实践教育的理论基础是问题式教学理论。问题式教学理论（Problem-Based Learning, PBL），又称"问题本位学习理论"，即以问题为导向的教学理论。问题式教学法是教师在课堂教学中设置与学生日常生活息息相关的问题情境，学生通过自主学习和小组合作的方式，利用教师提供的学习资料或学校提供的教学资源，通过自主学习与小组合作相结合的模式开展学习，自主分析问题、解决问题，以此获取知识、提升能力的一种新型教学方法。

问题式教学法与传统的讲授法最大的不同之处在于，它能够为学生创设真实的、有意义的问题情境，学生在课堂上能够切身体会真实情境并开展学习。问题式教学法能有效帮助学生将理论和实践进行有机结合，有助于培养学生的问题意识，提升学生的思维能力、分析能力、合作能力。

1. 问题式教学法的起源

问题式教学法，也称为"基于问题的学习方法"。本书认为问题式教学法是顺应时代发展和改革的需要而诞生的一种以学生为中心，引导学生结合自己已有的知识框架，积极主动寻找答案并且将理论与实际相结合的新型教学方法。它由美国神经病学教授巴罗斯（Barrows）在 20 世纪 60 年代创立，并将其运用到医学教育领域。他提出教师应结合临床实际病历设计并向学生提出问题，由学生围绕此问题自主到病房观察学习，再经过小组讨论解决问题，以此获取新知。

1980 年，巴罗斯和蒂姆·莱恩（Tim Lane）共同出版了《问题式教学——一种医学教育方式》一书，将问题式学习作为一种学习方法在医学教育上推广。随后问题式教学法的发展可谓一日千里，中国、美国、加拿大、葡萄牙、丹麦等国家先后将此教学法运用到医学教育上。除此之外，问题式教学法以其独特性和创造性得到了越来越多的关注与应用，由最初的医学领域不断延伸到工学、理学、教育学等领域。

2. 问题式教学法的内涵

基于文献研究，国外学者柏雷特（Bereiter）和斯卡达玛利亚（Scardamalia）认为 PBL 有大小写之分即 PBL 和 pbl，他们认为大写的 PBL 是指起源于医学界并在医学教育上广泛应用的教学方法，而小写的 pbl 则是指将"问题"应用到学生的学习活动中的教学方法。其实在相关学者看来，无论大小写都是一种系统化、理论化的教学方法，其不同应该是广义和狭义之分。从我国学术界当前对 PBL 的研究应用来看，它是一种全新的同时在不断完善的教学方法，各学者将问题式教学法与具体学科相结合以此来开展教学研究，因此，一般认为 pbl 应该是广义的"问题"教学法。基于此，本书对问题式教学法的研究就是指"问题式"教学法在法学教育中的应用研究。

20 世纪 90 年代，问题式教学法作为"舶来品"被引入我国。在研究中发现，问题式教学法是以"问题"为核心的教学方法，通过"提出问题 - 分析问题 - 解决问题 - 评价反思"等过程培养学生的问题意识以及提升学生解决实际问题的能力。

在研究中发现，问题式教学法的核心——"问题"与古今中外一些教育家的思想有异曲同工之处。我国春秋时期的教育家孔子在他的教育理念中谈论到"不愤不启，不悱不发"，强调要获取学问，就要不断地"问"，教师要对学生进行启发式教学习，诱导和鼓励学生发问，进而为学生答疑解惑；世界上最早的教育学专著《学记》中也提到"道而弗牵，强而弗抑，开而弗达"，意思是教学应指引学生学习，而非"牵着"学生的鼻子走，不要扼杀学生的学习热情，要激励、鼓励学生，要注重启发学生思考而不是直接告诉学生结果；西方教育家苏格拉底提出"产婆术"，认为任何知识都是从疑难中产生的，知识是人们原来就具有的，只是自己不知道，需要教师像产婆一样来助产，以提问的方式来揭露知识。而问题式教学法的提出者巴罗斯和凯尔森（Kelson）认为，如果把问题式教学看作一种教学方法，则学习者在这种方法的教导下需学会提出、分析和解决问题。

有学者认为问题式教学法中的"问题"应该具有以下特点：①问题的设计要避免"假大空"，应结合学生的年龄层次、文化水平以及生活经历，以此为基础合理设置问题；②问题的设置应该围绕教学内容，结合教材以及时代变化；③问题应具有劣构性，问题的解决途径不唯一。

问题式教学法强调让学生在问题中学会学习，教师在课前设计好具有吸引力和针对性的问题情境，在课堂上以问题为导入，引导学生通过自主学习和合作探究来共同解决问题。同时教师也要及时协助学生解决问题，以此促进学生养成问题意识以及提升学生分析问题的能力和解决问题的能力。

问题式教学法的核心是"问题"，主体则是教育者和受教育者。教师作为课堂教学的引导者和组织策划者，所提出问题的答案应该具有不唯一性，应确保每位学生都有机会从不同角度来表达自己的观点，充分照顾到全班学生。

面对教师提出的问题，每个人的解读和思路都是不一样的，要杜绝人云亦云现象的发生。学生解读问题后，依据自己已有的知识框架形成对问题的深层次理解，同时在小组讨论的过程中不断加深对理论知识的体会感悟，不断发现新问题、解决新问题。

此外，问题式教学法在教学过程中要求小组共同合作来解决问题。小组成员针对问题进行分工，在探索问题的过程中充分合作，偶尔也会出现小组成员之间观点不一致的情况，但学生之间的争论更能碰撞出思想的火花，促进学生思维的开拓发展。整个过程的学习对学生合作、沟通能力的锻炼极其有效，同时充分让学生在学习过程中体会到学习的乐趣，不断提高终身学习的能力，这也符合当前我国新课程改革中所倡导的终身学习的教育理念。

3. 问题式教学法的实施原则

问题式教学法的实施要遵循一定的原则，切不可随意进行，否则便忽视了学生的主体性。大致来说，问题式教学法的实施要遵循以下四个原则。

（1）发展性原则

所谓发展性原则，即教师应该用发展的眼光看待学生，而不是只看到学生当下的不足。在教学过程中要多给予学生鼓励，告诉他们目前的不足是暂时的，可以通过科学的学习方法取得进步，以至达到目标。教师要用发展的眼光看待每个学生个体的发展，引导他们的发展方向，使其树立自信心，帮助他们消除因自身不足所带来的负面影响。

"只有当教学走在发展的前面的时候，这才是好的教学。"赞可夫（Zankov）认为教学与发展应密切联系，他在《教学与发展》中对教学的两个任务做了规定：一是发展，二是掌握知识、获得技能。要想让学生高效掌握知识与技能，便需要获得一般发展，即发展性教学的核心概念。

（2）可接受性原则

教师在进行教学活动时，教学过程既要适应学生的身心发展规律，也要存在一定的挑战性，使他们通过努力学习后能够掌握知识与技能。学生是发展的个体，具有可接受性，他们尚未形成稳固的世界观、人生观，并且知识体系处在构建的阶段，体系尚不完备，因此更需要教师的引导。在问题式教学法下，教师需要在认真地了解学情的基础上设计问题、控制教学难度，让学生喜欢上思考与探索。

（3）科学、民主、平等原则

尊重学生的主体性地位，采用平等的姿态与科学、民主的教学方式，可以促进师生有效地沟通，既有利于加深教师对学生情况的了解，也可以激发学生的主体意识，提高学习兴趣。

（4）因材施教原则

因材施教的原则最早源于中国春秋时期的孔子，他依据学生的不同特点进行差异式的教学，让学生各得其所。近代以来，教育学家对这一教育思想进行更系统的总结，发掘其中的内涵与外延并付诸实践。作为教学的引导者，教师只有在充分了解每个学生的情况后因材施教，才能获得更好的效果。

4. 问题式教学法在法学教育中的教学效果

实践证明，法学教育在应用问题式教学法时比应用传统教学法的成效更加显著，具体表现为以下三点。

（1）提升学生学习能力

问题式教学法作为基于问题的教学法，教师的"问"、学生的"答"均与传统教学法有所不同。在问题式教学法的教学实践中，教师通过创设真实的、与学生日常生活有关的问题情境来提出问题，由学生依靠自主学习和小组合作完成后续的学习活动，教师适时予以引导。

基于问题式教学法，学生作为学习的主角，其课堂参与度得到有效提高。从课前的问题设计到学习过程中对问题的分析探讨，再到最后找到解决问题的方法和评价反思，整个过程学生都积极主动地参与其中，利用课余时间查找资料，调动原有的知识体系对问题进行探究分析，开启发散性思维进行多角度思考，充分提升自身的学习能力。

2019年1月国务院印发的《国家职业教育改革实施方案》提到："职业教育要大幅提升新时代职业教育现代化水平，为促进经济社会发展和提高国家竞争力提供优质人才资源支撑。"优质人才的培养绝对不是依靠学生死记硬背，而是在培养其学习能力的基础上，培养沟通合作能力、创造性解决问题的能力、自我发展的能力等职业发展能力。问题式教学法在提升学生学习能力的前提下，通过小组合作的学习方式让学生有机会与老师、同学互相沟通，共同合作以解决问题。群体合作的力量有效地激发个体的潜能，个体之间思维相互碰撞、优势互补，学生的合作能力、沟通表达能力均得到了一定的锻炼。在整个学习过程中，问题式教学法以学生的兴趣为基础，结合学生的现实所需，以问题为推动力，充分调动学习积极性让学生发现问题、探索问题，并通过学生的合作讨论不断衍生出新的问题，以此激发学生敢于质疑、敢于发问的意识和提高其创造性解决问题的能力。

（2）增强学生法律意识

将传统教学法与问题式教学法对比后发现，问题式教学法把以往灌输法律知识的教学转变为一个个活动，创设现实情境，运用真实的案例，并将法律知识向学生的日常生活拓展，有效增强了学生的法律意识。

在讲授"维护劳动权益"时教学方式多样，采用角色扮演、辩论赛、小组讨论、成果展示等形式，从而使学生一边学习理论一边与法律实践有机结合，充分参与到法律实践活动中去，发挥学生的主体地位，切实增强学生的法律意识。再如讲授"杜绝不良行为"时向学生展示"北京某职业学院校园霸凌案件"，让学生分析讨论"他们犯了什么错？"以引发学生的头脑风暴，探讨"作为欺凌者，他们收获了什么，又将面临什么？"。教师在总结时给学生呈现"北京某职业学院校园霸凌案件"判决书，让学生切身意识到未成年人犯罪同样需要接受法律制裁。这样的教学方式比苍白的法条更具感染力，可增强学生的守法意识，维护校园秩序，避免校园霸凌事件的发生。再如讲授隐私权时，可以创设"学生 A 偷窥他人微信聊天记录导致重要信息泄露"的情境，创设的情境与学生日常生活相关能成功引起学生的共鸣，加深对隐私权的理解；同时在日常生活中懂得尊重他人隐私，树立法律至上的观念，以防触犯法律等。

通过在法学教育中应用问题式教学法，增进了学生对法律的认知，切实增强了学生的法律意识，有效减少学生的违法犯罪行为，同时帮助学生树立守法意识、护法意识、维权意识。

（3）构建良好师生关系

现阶段的学生多为"00 后"，大多数学生自我意识强且个性张扬，渴望得到自由及被平等对待，期待在教师面前表现真实的自己。

问题式教学法使教师和学生的地位发生了改变，教师不再是知识的权威，学生也不再是被动学习的"机器"，而是积极主动地参与到课堂活动中，敢于在教师面前表达自己的观点。教师和学生在课堂上相处融洽，师生地位平等，都获得了对方极大的尊重和理解。此外，问题式教学法的运用符合学生的身心发展规律，在课堂中以问题为基础展开教学，学生注意力被吸引并积极配合教师的课堂教学，师生之间合作探究，学生个性得到了张扬。同时在整个教学过程中，师生之间有互动、有交流、有合作，学生在轻松的教学氛围中掌握知识，感受到教师的人文关怀，教师也在学生的学习过程中有所收获。部分教师在面对新鲜事物时思维或多或少有所滞后，而学生作为新时代的"弄潮儿"，对事物有新认识、新思维、新想法，教师与学生在交流合作中相互学习，师生之间建立亦师亦友的关系。

通过在法学教育实践中运用问题式教学法，教师和学生之间有了更多的互动交流。学生由最开始的被动听讲到逐渐表现出对法律知识的情感需求，教师给学生提供了一个展示自我的平台，师生在民主、和谐的氛围中产生共鸣，构建一种和谐融洽、平等的新型师生关系。

三、法学实践课程教学现存的问题

随着经济全球化及现代法治建设的不断加深，各法学院校进一步重视法学实践，通过不断丰富的实践课程形式、日益广泛的实践课程内容积累了许多有价值的经验，也取得了巨大成就。但是，目前法学实践课程教学依然是各法学院校需重视的内容，和培养综合应用型的法律人才要求还有一定差距。

（一）法学实践课程教学实施的组织保障问题

1. 对法学实践课程教学的重视程度不够

国家对学校教育的定位是培育高素质的劳动者以及技能型人才，社会上的评价也以学生技能水平高低为标准，这在客观上造成了部分学校重专业课、轻法学课的教学态度。再加上学校开设法学实践课程的主要目的是帮助学生树立正确的职业观和法治观，这需要一个长期的过程，不能立竿见影。于是有的学校将主要精力放在专业课建设上，对法学实践课程普遍不够重视，甚至认为法学实践课程只是一门"应付课程"。时间一长，法学教师的工作热情备受打击，教学质量不断下降。

通过对部分学校进行走访发现，大多数学校并没有固定的法学课程教师，师资力量相对来说比较薄弱，有一部分任课教师是代课教师，还有的是别的学科教师兼任的。有的学校只是随机安排教师授课，一些教师上课也很随意，备课潦草，教师教材用书几乎不看。

对待法学课程的态度就不端正，更别提实践教学的实施了。一些法学课程教师还兼任着班主任，处理班级事务任务繁重，易导致教学精力分散，无法进行教学研究，最终的结果便是只采用一两种简易的教学方法，更别提运用实践教学法了。有时为应付检查，有的教师随意确定实践活动类型和内容，活动环节只是多个活动的简单相加，学生根本无暇思考，课堂表面热闹、实际低效。从学生角度看，部分学生对实践教学不了解，持怀疑态度，上课时玩手机、打瞌睡、做其他科作业现象严重，只希望课程考核合格就行。

实践教学的兴起是近些年的事情，部分学校和教师对于实践教学的了解不够透彻深入，只是字面意义上的了解，无深层次的挖掘。国家和学校层面缺乏专门的政策文件来指导法学实践教学活动，政府教育管理部门也缺乏专门指导实践教学活动的政策性文件。这就导致法学实践课程教学工作没有系统完整的方案安排，缺乏长效机制，教师无从了解实践教学的来龙去脉。有些教师认为实践教学法就是简单地通过举例进行说明。

实际上，教材上专门设置了"单元实践活动建议"栏目。以《职业道德与法律》为例，教材上明确表示知识竞赛、情景剧表演、调查报告和现场观摩等形式均为实践教学活动。可由于多种原因，教师最多只会选取一两种实践教学活动。

2. 法学实践课程教学的实施经费缺乏

实践教学活动环节多、任务重、成本高，需要耗费大量的经费。学校以培养高素质技能型人才为目标，经费投入向专业课倾斜较多，专业课教师通常能够获得先进的教学设施，拥有最新的教学资源。有时候，老旧设备迟迟得不到更新，实践耗材得不到及时补充。在实际教学中，法学课程教师往往就是因经费短缺不得已选择课堂讨论等简单易行的方式。

举例说明，《职业道德与法律》第三单元要求教师带领学生观摩法庭审判、解析审判程序，教学目的在于了解审判程序，树立对于法律的正确观念和提高组织、交往能力等。有条件的学校可以前去旁听，但经历前期安排、中期安全保障和后期宣传总结，方方面面下来是一笔不小的费用。无条件现场观摩法庭审判的学校需通过电视等设备观看，模拟法庭环境布置课堂，这也需要经费的支持。

3. 法学实践课程教学基地运用情况不理想

法学实践课程教学基地为培养学生的法律思维、增强法律运用能力提供了重要的平台。目前，法学实践课程教学基地可以分为两部分：一部分是校内的实践基地，如模拟法庭等；另一部分是校外的实践基地，如公检法等部门的法学教育基地。经过实地走访发现，实践教学基地运用情况不甚理想，出现了一些问题。

首先，法学实践课程教学基地建设速度比较缓慢，落后于专业课实践教学基地建设。不管是校内还是校外，法学实践课程教学基地建设都相对薄弱，存在着种类单一、数量过少、对应面窄和缺乏深度合作等问题。

其次，部分法学实践课程教学基地利用率过低，与建设初衷相背离，导致实践教学资源的浪费。有时学校和教师不重视，学生前期实习准备不充分，对实习内容缺乏基本的了解，教学效果大打折扣。在法学实践课程教学基地开展实践教学活动需要耗费大量的心血，再加上基地的各种维护费用，有些法学实践课程教学基地难免沦为作秀的场地。

最后，法学实践课程教学基地缺乏相应的管理规范。实践教学基地在具体的管理、评价机制方面缺乏对应的规章制度和细则，极易造成混乱。有时在开展实践教学活动时缺乏详细的计划方案，教师难以很好地掌控课堂。

（二）法学实践课程教学实施的师资力量问题

1. 部分教师与实践脱节

部分院校确实存在法学教师偏重理论而缺少法律实务经验的情况。一方面，有的法学教师缺乏法律实务经验，资深的学者型法学教授更是如此。另一方面，教师实际上对法学教育并没有清晰的定位。因为法学教育的对象大多是没有接受过系统法律培训的学生，教授们对学生存在着偏见。

2. 师资队伍有待强化

有的学校重视专业课的学习，认为法学课程只是专业课的补充，对法学实践课程教学活动并不重视，认为其他专业的教师也可以进行法学课程教学。为节约成本，有些学校抽取各专业课程较少或年龄较大的教师教授法学课程。有些教师甚至不是教育专业毕业，对法学课程教学一头雾水，更别提开展实践教学活动了。还有一部分教师是代课教师，更替变化大，无法沉下心来开展法学课程教学工作。

另外，法学课程教师缺乏继续教育，培训机会也比较缺乏。这就导致教师很大程度上教育观念陈旧、教学方法落后，不能及时获取新课改的教学理念。这就导致实际教学中有的教师仍以讲授知识为主，实践教学活动较少，久而久之，学生在枯燥无味的学习中便会产生厌学情绪。

3. 教学观念有待转变

教师是教学环节的重要一环，实践教学要想成功实施，教师具备与时俱进的教学观念很重要。有些教师一味地进行填鸭式教学，认为学生只是被动接受知识，重点是教师的讲授，看重结果、忽视过程；认为学生本身学习水平不高，缺乏自主思考的能力；在有限的课堂上实施实践教学是在浪费时间，教师的直接讲授效果更好。受此教育观念影响，学生的主体地位被忽视，创新能力和自主发展能力被限制，良好的道德品质和法律意识难以养成。《职业道德与法律》教材的法律内容大多为框架性知识，选取的案例内容缺乏时代感，部分教师直接采用，学生带入感差；并且教材中缺少与就业相关的法律知识，像保险法、劳动法和合同法等，有些教师也一笔带过，缺乏深入研究的教学精神。

4.教学能力有待提高

在法学课堂上灵活实施实践教学是对教师的一大挑战，这要求教师具备全面、过硬的综合素质，尤其是具备课堂驾驭能力和应变能力。实践教学活动涉及众多环节，包括教学计划安排、教学方案设计、教学课时分配、课堂组织实施及教学效果评价等多个环节，每一个环节都要精心设计。

教师既要有宏观意识，整体把控实践教学过程，又要有微观意识，能够关注到每一次实践教学活动中学生的不同表现，科学、客观评价实践教学活动成果。这对法学课程教师而言是不小的挑战。由于不同任课教师能力不同，加上性格特点、知识背景和兴趣爱好等存在差异，同样的教学设计会产生不同的教学效果。

如果教师的教学经验和方法达不到要求，法学实践课程教学法的运用便会流于形式。如实践教学活动设计过于简单、形式老套、缺乏挑战性，或者任务太过复杂、难以完成，学生只是被动地参加到实践活动中去，会导致其积极性不高，存在消极应付现象，甚至在小组活动中会出现"浑水摸鱼"的情况，导致课堂秩序混乱等。这些都迫切需要教师提高教学能力。

（三）法学实践课程教学实施的课程资源问题

相关的问卷调查结果表明，有些法学课程教师认可实践教学，乐于开展实践教学活动，但受各种条件限制难于开展实践教学活动。实践课程资源短缺便是其中的一个原因，导致实践教学的实施流于形式或形式单一。

1.实践课程安排较少

有的教师反映，法学课程中实施实践教学的要求很高。一方面活动范围较广，持续时间长，容易受时间、场所、人力、物力和资金等影响；另一方面法学课程是公共必修课，上课时班级多、人数多，任课教师难以在短短的40分钟内有效实施实践教学，有些教师便有了应付、走过场的心理，不给学生留出足够的思考时间。如果教师不在实践教学的过程中树立正确的思想，努力攻坚克难，实践教学就只是一种形式，不能实现预期教学目的。

其中，最明显的表现就是实践课程占课程总学时的比重小。一方面，学校以就业为导向，更加重视专业课的学习，像《职业道德与法律》等公共课就未受到足够重视。如《职业道德与法律》一般被安排在一年级第二学期，学时为32～36，教材共5单元12节。按每学期18周、每周安排2个课时计算，每单元只能安排7个多课时，每节只有3课时的时间；再扣除期中、期末考试时间和复习、平时测验等时间，剩下每学期的实际教学时间至多为 13 周。重新计算的话，这样每单元的教学时间只有 5 个多课时，每节只有 2 个多课时。其中，关于法律知识的部分仅占全书较少篇幅，教学时间更是少得可怜。另一方面，部分教师虽然在思想上认可实践教学，实际教学过程中更多却以理论讲授为主，偶尔穿插一些案例分析、小组讨论等。长此以往，设立法学课程的初衷被违背，学生难以顺利接受法治启蒙教育，难以树立正确的法治观念，无法真正理解法律的意义和价值所在，反而不利于今后的就业。

2. 实践课程安排不合理

法学实践课程教学的目标是培养具有专业法律知识、法治理念、科研能力和司法实践技能的高水平的复合、实务应用型法律职业人。学校应充分理解学生离开校园后的职业规划，设置有利于其法律职业生涯发展的课程，以提高学生的职业技能和整体素质。

现有课程体系中并不明确包含职业素养中除知识结构外的其他教育内容，特别是缺乏对法律解释、法律推理、法律写作、证据原理与运用等技能的培养与训练。这就不可能为学生真正提高法学水平、成为法律职业人才提供条件，从而不可能达到培养目标的实践性要求。

3. 实践课程教学形式单一

实践课程教学的应用范畴很广，如小组讨论、案例探讨、知识竞赛和参观访问等都可以纳入其中。但据相关调查可知，大多数教师课堂上仅仅运用一两种实践教学法，多为小组讨论和案例探讨。加之学生能力素质参差不齐，也只有少数学生能参与其中、真正受益，课堂气氛显得有些沉闷。实践教学得不到有效运用，学生的学习积极性激发不起来，教学效果便会大打折扣。

若开展稍复杂的实践教学活动会面临许多问题，如教师和学生需课前提前准备，工作量大；法学课程课时有限、知识点多，实践教学活动耗费时间长且难以保质保量，从而影响教学进度。此外，学生在校期间还要学习其他课程和相关技能，符合要求才能顺利毕业、找到工作，因此不可能花费大量、整块时间去认真完成实践教学活动任务。

再者，教师的教学科研任务也很重，每位教师要教授多门课程，每学期教好几个班，上课人数多达几百人。暑假期间，教师和学生都有自己的日程安排，难以聚到一起；学生自己实践的话缺乏正确、及时的指导和监督，效果较差。如此下去，教师不得不在法律课堂上选择了最简单的实践教学活动。

第二节　法学实践课程教学改革的意义

一、有利于优化教学过程

改革法学课程教学体系有利于深入优化教学过程。在法学课程的教学过程中突出带有时代色彩的课程元素，使理论知识讲授与实践教学相结合，处理好教师讲授与学生讨论之间的关系，有利于打破传统课堂沉闷的教学氛围，建立师生互动的教学模式，活跃课堂教学氛围，增强课堂教学效果。强化并重视过程式教学，合理调整教学过程在考核中的权重，淡化结业考试。

在教学过程中融入考核环节，如在案例研讨、诊所教学等环节中设计考核环节，强化对学生学习过程的考核，把教师的教学过程与学生的学习过程有机结合起来，凸显对学生学习效果的评价。

二、有利于提升学生素质

目前来看，当代学生大多是"00后"，从小倍受家人的呵护。与此同时，"00后"一出生就接触互联网，易受到不良观念和行为的影响。通过不断深化法学实践课程教学改革，让学生作为主要参与者融入教学活动中去，实现知识学习和自我认知的双重功能，达成自我突破。

伴随着实践教学活动的有效实施，毕业生质量逐年提高，这就为学生的就业提供了良好的条件。尤其是"订单班"的学生，在入学之初便与企业签约，如某机电工程学校专门设有海尔班、威亚班以及派沃泰班等。这些学生的职业素养关系到人生未来，也关系到校企合作效果。针对学生特点实施一系列实践教学活动，能有效预防订单班学生毁约现象的发生，帮助学生形成正确的职业观。

三、有利于提升教师的教研能力

法学实践课程教学改革对教师的教学水平提出了更高的要求，教师需要进行多方面、全方位的实践活动教学。要想取得预期效果，教师首先要转变教学观念，对学生的所思、所需、所求充分了解，结合教材整合多种课程资源，针对课程内容选择与之匹配的实践教学活动。

在这个过程中，教师会面临一系列挑战，像如何有效调动学生积极性，如何选择实践场地，如何进行教学评价，等等。这就倒逼教师创新教学理念，打破学科壁垒，将学科知识与职业学习相结合，制订出符合学生学习、认知能力的教学方案。随着问题的一一化解，在不断实践、总结和反思中，教师的教研能力大幅度提升，反过来又增强了法学课程的教学效果。

四、有利于满足建设优质院校的要求

我国各个院校承担着非常重要的人才培养任务，其在教育方面的质量、水平能够直接为社会结构调整、产业转型升级等提供一定支持。因此，想要真正培养出能够符合社会发展实际要求的各种高素质、高水平人才，各大院校就需要积极地提升办学质量，这也是建设教育强国的基本要求。而想要提高办学质量，就需要从教育改革入手。各级院校中的管理者需要对创新驱动发展理念下的法学人才教育目标和标准、教学内容和模式进行重新审视，真正将理性、公平的精神、态度以及较高的技能系统融入课程设计和专业教学中。只有这样才能够真正调动起学生的学习主动性和积极性，提升学生的实践能力、生存能力和竞争力，建设出更加优质的法学人才培养基地。

第三节　法学实践课程教学改革的策略

一、完善法学实践课程教学的组织保障体系

思想是行动的先导，我们只有转变思想观念、找准位置，切实推动法学实践课程教学改革，才能够从源头上真正提升教学质量。

（一）明确法学实践课程教学的重要性

实践教学法是法学实践课程教学的重要方法，与理论教学的目标具有一致性，都在于培养学生的社会主义核心价值观，培养法律意识，提升学生的就业硬实力。因此，我们必须重视实践教学的实施，科学规划实践教学活动，深挖教学资源，丰富教学手段，创新教学内容。

首先，教育主管部门应成立专门负责管理法学实践课程教学的部门，制定法学实践课程教学方面的政策文件，明确将法学实践课程教学列入法学课程教学计划之中。组织法学方面的专家进行法学实践课程教学大纲的编写，编写法学实践课程教学方案，督查、指导法学实践课程教学工作的开展等。学校也要深刻认识到法学实践课程教学的重要性，专门成立法学课程建设教研组，在教务处的统一规划下负责统筹、协调学校法学实践课程活动的开展；教研组下可再设实践教学组，负责研发和考核实践教学活动。另外，有条件的学校可以开

设符合本校特点的法学实践课程，总揽全局，统筹规划，教务处、学生工作处、团委和就业中心等各部门合力推进法学实践课程教学的开展。

其次，改变法学课程"人人可上"的错误观念，加大投入力度，重点培养选拔法学实践课程教学及类似专业的教师。教师也要意识到法学实践课程教学的重要意义，认真备课、上课。

最后，学生应找准人生定位，合理规划人生，上好法学实践课。

（二）增加对法学实践课程教学的经费投入

法学实践课程教学活动的顺利实施需要一定的费用来做支撑，比如实践课程指导教师和相关工作人员的工作补贴、餐费补助、实践教学场地租赁费、交通费等。若无法获得政府有关部门的财政拨款，仅仅靠学校难以实施。目前实践教学活动面临的实践活动资源匮乏和易流于形式等问题，很大一部分原因在于实践教学的经费不足。为保证实践教学活动的顺利实施，我们要开源节流。

一方面，政府和学校要增加经费投入，配置实践教学活动所需的器材和设备，努力创造现代化的教育环境。也可考虑拓宽实践教学经费来源，如校企合作、学生顶岗实习以及勤工俭学等渠道。

另一方面，教师应合理利用学校、当地的人力、物力等教育资源，创造出充满生活气息的法学课程教学情境。开展实践教学活动的有效方式是就地取材，不需要追求高大上的效果。如参观访问时可错开交通高峰期，乘坐公共交通工具，省钱又环保；问卷调查时，可使用网络"问卷星"等调研软件，省时省力。再比如，如果学校周边有政府部门，学校和教师可以邀请政府部门有关工作人员举办讲座。例如，某校在国家宪法日前夕邀请某监狱工作人员做了"与法同行、健康成长"的法治报告会，通过列举一个又一个鲜活事例，以案释法、以法论事，教会学生运用法律维护合法权益。

（三）加强法学实践课程教学基地建设

加强法学实践课程教学基地建设是实践教学活动顺利实施的重要保障，是利用社会力量和资源联合办学的重要措施。

首先，要充分利用各种资源优势和人脉关系，积极搭建多维度、立体化的校内、校外法学实践课程教学基地与平台。在校内法学实践课程教学基地建设方面，不必局限于模拟法庭建设，可与专业课实践课程教学基地相结合，将法学课教学和专业课教学结合，因地制宜地开展实践教学活动。在校外法学实践课教学基地建设方面，加大与公检法、律师事务所等单位的合作力度，双方签订合作协议，明确实践教学活动内容、双方的责任与义务等，充分利用上述单位的法律资源，建立长期的、固定的法学实践课程教学基地。

其次，要完善各项管理制度，实行制度规章上墙，强化对实践教学活动各环节的把控。学校应明确法学实践课程教学基地负责人，派专人负责管理和沟通工作。

最后，要定期走访调研已建立的法学实践课程教学基地，结合交通、路程、基地容量等因素重点建设部分法学实践课程教学基地，认真梳理、总结和分析成功与失败的经验。

（四）完善法学实践课程教学的制度

"凡事预则立，不预则废"，教学有教学计划，管理也要有相应的管理制度。法学实践课程是培养法学专业人才的新途径，只有完善管理制度，才能保证培养工作的顺利进行。培养单位应该重视法学教育各项管理制度建设，在坚持培养指导方案和政策的基础上，结合学校、地区实际制定、实施一系列的管理制度，其中包括实践教学方面的制度。

制度的健全为法学人才培养质量的提高提供了保障，制度的完善为法学教育教学的实施提供了保障，有利于实践教学的顺利开展。随着法学教育教学管理中新情况、新问题的出现，培养单位应不断完善法学教育管理的相关规定，确保培养出高质量的法学人才。

1. 建立规范的法学实践课程教学制度

完善的实践教学管理制度是实践教学有效开展的重要保证。包括实践教学的目标、目的，实践教学的环节、内容，实践教学场所、条件，实践教学的成绩考核、评价，以及实践教学的组织管理等，都应做出相关规定。

2. 构建科学合理的法学实践课程教学体系

可将法学实践教学分为课堂实践教学和课外实践教学，并对它们进行合理规划，使课堂实践教学和课外实践教学有机结合，在课堂实践教学上采用多种教学方式，在课外实践教学环节上充分利用有利条件开展实践教学活动。通常情况下，院校可以在保障学生法学理论专业知识培养教育水平的同时，经过不断的探索和努力，构建起富有自身特色的实践教学体系，即"课堂实践教学、社会实践和专业实习三位一体"的新型实践教学体系，从而为学生搭建起高水平的实践平台。

3.创造良好的实践教学条件

为了保证法学实践课程教学的质量和效果，必须投入足够的经费，为实践教学创造良好的条件，主要包括校内实验室和校外实践教学基地建设。在创造良好的实践教学条件方面，各院校都各出奇招、使尽浑身解数。以西南政法大学为例，该校积极创造条件，开设刑侦及物证技术等课程。

二、优化法学实践课程教学的师资体系

法学实践课程教师要转变教育理念、创新教学方法、增强课堂教学能力，推动法学实践课程教学更上一个层次。

（一）强化师资建设

教学质量的高低在很大程度上取决于教师。

首先，学校要合理设置教师岗位，通过校园招聘、人才引进和事业单位招考等多种形式，多招聘一些具有法律等教育背景的年轻的高素质人才，增加职称名额，充分激发任课教师的教学主动性。

其次，要进行法律相关知识和实践教学方面的培训，提高任课教师的专业水平。学校可以邀请优秀的法学实践课程教师和专门的法律职业从业人员开展一系列法学教育培训活动。

再次，学校要努力创造机会使法学实践课程教师能够和其他专业课教师合作，也可组织法学实践课程教师外出参加各类培训，与知名教育专家面对面接触，了解法学实践课程教学最新理念，提高教学水平。选派教师外出培训时可以根据教师的综合情况进行考核与评定，给予前几名教师免费深造的学习机会。

最后，学校也要定期派出法学实践课程教师深入企业，了解用人单位对员工职业素养方面的实际需求以及经常遇到的难题，促使法学实践课程教学理论与实践相结合。

（二）转变教学观念

百年大计，教育为本；教育大计，教师为本。

首先，在以往的教学模式下，教师往往成为教学活动的中心，教师主导着课程进度，导致学生学习积极性不高，参与度较低。教师需要转变教学观念，贯彻"以学生为中心、情境为中心、活动为中心"的教学理念，充分认可学生的主体地位，把课堂交给学生。教师要不断完善法学课程内容，重视教学内容

的通俗性，增加实践活动类课程，加入带有启发性、激励性的设计，让学生在实践过程中增长才干、丰富精神世界，实现全面健康发展。法学实践课程主要通过不同的实践主题活动，引导学生主动去参与以加深个体认识，进而"内化于心，外化于行"。

其次，实施法学实践课程改革新方案，做好法学实践课程教学工作，最重要的是教师要树立正确的教育观和学生观。法学实践课程教师要抛弃传统的把学生分为好学生和差学生的陈旧观念，全面、正确看待每一个学生。我们应该爱所有的孩子，要对所有的孩子负责，这是对一个教育工作者最基本的要求，一切都以此为基础。

最后，法学实践课程教学"身教"重于"言教"。法学实践课程教师需更加注重加强自身的法律修养，认真遵守各项法律法规，以身作则，为学生在各方面做出表率。

（三）提升专业能力

法学实践课程教学活动是一个过程性教育活动，其具有过程复杂的特点，对法学实践课程教师的专业能力提出高标准、高要求。法学实践课程教师一方面要有扎实的理论教学功底，另一方面要有较强的现场应对能力、组织教学能力和处理紧急情况的应变能力。法学实践课程教师要静下心来仔细研究学生的成长发展特点，学习教育教学理论和方法，加强自身专业学习。

首先，教师要多参加教研活动，在进行集体备课时彼此学习和借鉴，取长补短，提高备课质量。多从公开课和研究课中吸取精华，从平时的教学失误中吸取教训，提高实践教学水平。

其次，教师应充分利用手中教学资源，既要吃透教材，又要研究教材之外相应的知识点，熟练运用实践教学的相关方法，制作出内容丰富、效果良好的教学课件。

最后，法学实践课程教师应加强与班主任、其他课程教师的沟通、合作。班主任是学生思政工作的核心，最了解授课班级情况和学生家庭、学习等方面的情况；专业课教师最清楚企业想要什么样的员工和学生想去什么样的企业。

法学实践课程教师将学生的情况都摸透了才好对症下药，提升教学能力。此外，法学实践课程教师对实践教学相关方法的运用仍处于探索阶段，这就需要大家群策群力、善于总结，不断创造实践教学活动新的闪光点。

三、创新法学实践课程教学的课程体系

（一）科学设置法学实践课程

2018 年全国掀起了"课程思政"改革的浪潮，课程思政改革改变了法学教育局限于法学课堂的旧观念，把社会主义核心价值观、职业道德与法律意识等方面的培养融入所有课程中。这样一来，法学实践课程的施教路径拓宽了，学校可以编写以心理健康、安全教育、创业教育等为主要内容的校本教材或简明读本，便于缩短学生走上社会的磨合期。实践教学活动也可与专业课联系起来，面对不同专业的学生，教师可以有针对性地增加与专业相关的法律知识实践教学活动。例如，学前教育专业的学生应多学习教师法，护理专业的学生多看卫生法，财经专业的学生要多关注经济法。

学校要结合新课程改革相关文件要求，严格设置必修课和选修课，并在必修课和选修课中增加实践教学活动。

（二）加强法学实践课程教学研究

目前对于法学实践课程的研究较少，进行系统化研究的就更少了。研究成果以学术论文为主，缺乏专门的理论专著。研究方法上，仅从教学形式角度进行阐释，没有依据教育心理学、课程与教学论的一般原理进行探讨，大多是经验之谈，缺乏科学的理论依据。体系上缺乏对不同实践课程的归纳整合，并未形成与理论课程相对的科学体系。这就使得法学实践课程的研究桎梏于旧有体制，很难获得实质性的突破，操作性不强。

因此，各级科研部门应加大对法学实践课程的科研力度，各级教育主管部门应在各级科研项目的立项过程中为其留出一定的份额，定期组织有关法学实践课程教学的经验交流活动，以推动法学实践课程的开展。

（三）规范和完善传统的法学实践教学

我国传统的法学教育以教师在课堂上向学生灌输法律知识为主，这种教学方式可以使学生获得较为系统的法律知识，但也会使大多数学生缺乏法律操作的技能，毕业后非经训练无法从事法律职业。尽管如此，在以成文法为主体的现阶段法学教育中，课堂教学依然是法学教育教学的主要形式，所以应当在课堂教学过程中强化实践教学，这可以明显提高学生的实践能力。传统的法学实践教学主要包括课堂讨论、角色扮演、模拟法庭、法律文书写作训练、法律社会实践、法院旁听与观审、校企合作、法律实务讲座等形式。

1. 课堂讨论

课堂讨论是指在教师的指引下，学生通过讨论和辩论等言语间的交流，针对特定的问题表达观点、交流思想及形成结论的教育方法。讨论符合教育的启发性原则，能集思广益，激发学生的思维火花，引发一场头脑风暴。

讨论一般包括设计问题、提供资料、理顺思路和整理结论四个步骤。讨论一般分为三种形式：同桌讨论、小组讨论和集体讨论。同桌讨论指就某一特定话题先两两分组讨论，再四个人一组讨论，最终形成八个人的结论。这种讨论方法能使学生深入思考问题，提高其参与度。例如，在"签订合同求保障"一课中，教师可安排学生讨论毕业入职签订就业合同有哪些注意事项，单位和个人违约有哪些危害等。小组讨论主要指专题细化分组讨论，可将辩论植入进去，对存有争议的现象进行分组辩论，一正一反论述所持观点。例如，在"保护资源环境"一课中，可以设立"经济发展能否避免自然环境恶化"的辩题，让学生寻找知识点自行辩论。集体讨论则是针对学生普遍面临的问题，以班级为单位，组织学生各抒己见。例如，在"预防一般违法行为"一课中，可让学生列举身边存在的违法行为，进而辨别、远离违法行为，筑起内心的防线。课堂上也可以把三种讨论方式结合起来运用，效果更佳。如教师讲到"依照程序维权"时，可以设置"如果毕业工作后遇到工资拖欠的问题，你会如何维护自己的合法权益？"的话题，引导学生先两两探讨，再小组汇总，最后各小组选派出代表发言。教师在各组学生讨论发言的基础上点评、归纳、总结，教导学生如何维护自己作为劳动者应享受的权利。

在此过程中需留心以下三点。一是教师可以安排学生课下预习讨论内容，课上充分讨论，随机选择学生发言。因为课上直接讨论效果不一定显著，有时只有少数学生能真正参与进来，一些学生会走神或闲聊等。教师提前安排讨论任务，可以让学生有充分的时间准备发言内容，课堂效果便会精彩纷呈。随机抽取学生发言，能保证每位学生精神高度集中，同时也给了每位学生展示自我的机会。二是教师要及时合理引导学生的讨论内容和辩论方向，帮助学生形成科学的思考方式，不偏颇、不激进；对每位同学的发言及时予以表扬鼓励，用亲切和蔼的语气给予学生积极肯定的评价。三是讨论结束后，教师应引导学生结合自己、他人的发言和教师的总结写一份学习总结，加深对知识点的掌握。

2. 角色扮演

角色扮演是情境教学法的一种表现形式，即通过学生扮演各种角色，在游戏过程中揣摩不同角色，身临其境地感受人物心理变化，进而增强自我认知与体会，形成情感体验，达到预设教学目的。除去每个人的单场表演，角色扮演也可采用小品、相声等多种表现形式，可根据教材内容和学生特长决定。

例如，在"践行职业道德，反对职业腐败"课堂教学中，可以设置面对金钱、权力诱惑的场景，让学生自由发挥，演示下一步怎么做。例如，卫生学校护理专业的学生将来面对患者及家属想要塞红包来获取额外照顾时，如何有效拒绝？旅游服务与管理专业的学生带领游客出游时，面对不良商家诱导游客高价购物的要求时，如何坚守内心信念？美发与形象设计专业的学生从事美发、化妆行业时，如何提供保质保量的服务，而不是只顾推销产品和形形色色的服务，诱导消费者过度消费，使顾客和自己都得到美的享受？学生演示结束后，教师再次阐述遵守职业道德和《中华人民共和国消费者权益保护法》等法律法规的重要性，列举生活中违反职业道德会受到处分、辞退，甚至法律处罚的事例，告诉学生职业活动中各种腐败现象的严重危害和反腐倡廉的意义，让学生不要觉得无所谓而以身试险，要培养廉洁意识，做一名合格的职业人。

角色扮演生动有趣，具有不确定性，符合学生年轻好动的特点；教学成本也不高，有时仅需一块场地即可，在教学中极易推广和实施。学生在不知不觉中融入了自己的真实情感，在表演或者观看中同步理解了教材的抽象内容，有助于指引自己的行为。学生表演完毕之后，教师可以安排其他学生进行点评，再进行总结。这就需要教师把握好课堂节奏，角色扮演要固定时间段，紧紧围绕主题演出，切不可让学生只顾热闹而忘了真正意义所在。

3. 模拟法庭

模拟法庭指在法学教学过程中，学生通过扮演真实法庭的法官、检察官、律师与当事人等多种角色，模仿真实的法庭审判情境，积极参与实际案例审判，有助于培养学生的法律知识应用能力。模拟法庭也可以被视为角色扮演的一种表现形式，在法学实践课程教学中运用广泛，因此单独列出。

在实际的法学实践课程教学过程中，模拟法庭的形式暴露出一些不足之处，如庭前准备不够充分、选取的案例缺乏新颖性和典型性等。所以为保证有效发挥模拟法庭的实用功能，必须注意以下三点。

一是营造真实法庭氛围，做好庭前准备工作。教师可先让学生观看真实庭审视频，了解庭审过程和需要的法律文书，感受法庭的庄重感。

二是精心选取案例，合理分配模拟角色。选取的案例应当是学生日常生活中可能接触的类型，像故意伤害、打架斗殴、偷盗抢劫和校园贷等类似案件，涉及人身权和财产权等多方面。允许学生查阅相关资料，但不能直接搜寻结果。

教师可以根据学生的性格特点和学习情况，将学生分为原告、被告、审判人员、司法警察和旁听人员等。

三是合理总结，巩固知识。模拟法庭审判过程中，教师要积极引导学生遵循各项流程，提升学生的尊法、爱法、用法意识。活动结束后，教师要及时总结，要求学生写个人感受，并根据学生的表现情况予以适当的评价和鼓励。

4.法律文书写作训练

法律文书写作训练是法学人才培养方案要求的实践必修环节之一，即通常所说的"笔杆子"能力训练。它是法律实务最基础的技能之一，也是一名未来合格法律职业人应具备的素质之一。但是如果单纯地从理论教学的角度来训练，未免有些纸上谈兵。古语云：实践出真知！有学者认为，法律文书的写作训练应该放在真实案例情景下，只有如此，"笔杆子"能力方能有较快的进步与提高。

5.法律社会实践

社会实践是学生的第二课堂，是实践教学环节的重要组成部分，该实践形式在一定程度上可以解决或者缓解法学教育教学以学校为主，法学实践不足的问题。

（1）社会调查

这是指以社会调查的形式，教师带领学生走出教室，学生主动依据实践教学目标进行调查活动，通过调查问卷、随机走访等方式获取所需信息，并进一步整理、分析、总结获取的资料，最终形成文字结论。

罗杰斯（Rogers）曾经提出："学生的学习为经验学习，因此教师要引导、激发学生去自己学习，而不是灌输指导。"社会调查就是将主导权交回学生手中，由学生主动去发现、探究知识，同时又提前接触了社会，提高了适应社会的能力。这种实践教学方法存在参与性、交往性和探究性等特点。

参与性指学生既学习了知识，又培养了学习方法、思维方法与学习态度，更加享受了学习知识的过程。交往性指学生需要集体配合调查，提倡合作与交流，让学生共同分享成果、一起进步、一起发展。探究性则指每次调查报告都要围绕一个特定主题进行，提前预留充足的时间供学生探索和交流。

社会调查主要分为三个部分：第一步，确立调查的方向和任务，即调查的背景、目的和步骤；第二步，撰写详细的调查方案，即确定调查方式和时间、分工安排；第三步，进行结果的汇总和展示，即撰写调查报告。学生各方面能力有限，调查报告要求应降低难度，教师应该在调查的各个环节做好指导工作，实时跟进最新进展，帮助解决困难。同时，要保证调查报告的真实性。调查问卷显示部分学生在社会调查活动中没有深入进行社会实践调研，最后从网络上随便复制粘贴一篇报告便应付了事，甚至原封不动地抄袭下载文章。这就要求教师严把各个环节，充分调动学生积极性，从而认真开展调查活动。

（2）参观访问

参观访问指针对某特殊的事件或地点，教师组织学生进行实地考察和分析。学生有目的、有计划地参观访问，能够拓宽视野，陶冶情操，巩固自己的知识和技能。参观访问要有一系列的步骤，具体如下。

一是精心计划。参观访问前，先进行认真调研，制订详细计划并与参观地点的负责人联系好。

二是精心组织。编写参观访问方案，包括行程时刻表、参观地点及内容等。参观访问目的很明确，而且受时间、天气、距离等多种因素影响，需要选择具有典型代表意义的实践教学基地。同时，也要准备好应急预案，及时应对突发状况。

三是效果分析。参观访问的最终目的是实现学生由"知"到"信"的转变。教师要引导学生在参观访问过程中做好记录，遇到不明白的地方及时找专业人士咨询，当场解疑释惑。参观访问结束后，及时整理记录，讨论交流，做好总结，达到预期设想。

例如，为了提高学生的安全保护意识，可以组织学生参观某市公共安全宣传教育基地。基地内容涵盖面广，涉及交通安全、禁毒安全、网络安全和消防安全等，学生可以了解到交通标识标线、交通安全设施，充分认识酒驾、醉驾的危害性，学会如何使用灭火器以及发生火灾时如何自救和逃生等。

再如，某市科技中等专业学校与该市人民检察院联合成立"青少年法治教育基地"，就读学生可以近距离接受法治教育。该基地内设有模拟小法庭、心理疏导室和科普教育厅等多个功能室，系统地对青少年极易犯错的多个方面开展全面、多维的教育。在心理健康方面，可以邀请心理咨询人士开办讲座，从学业、人际关系、网络成瘾、性心理、抑郁症等角度，通过视频和现场互动等形式，帮助学生疏解自己的不良情绪。

（3）法律咨询

法律咨询是指学生利用自己所学的法律知识，在公共场所解答社会公众所提出的各种法律问题的活动。

学校可以每年在"3·15"国际消费者权益日、"12·4"国家宪法日等节日在城市广场举行法律咨询活动，或者在寒暑假时由培养院校组织学生深入街头巷尾就消费者权益保护及群众所遇到的法律问题进行义务咨询活动。在实施法律咨询的实践教学时，要指派法律实践经验丰富的教师一起参加，在学生不能解答或者解答错误时，由教师协助解答。这样既可以使咨询者满意，又可以使学生当场受益。咨询结束后，教师引导学生总结咨询所遇到的疑难法律问题，并鼓励学生继续思考，寻找解决途径，这对学生法学实践能力的提高非常有帮助。

6. 法院旁听与观审

法院旁听与观审是一种很重要的直观实践教学，它把学生置于现实审判场景之中，让学生直接观察实际的审判活动，既能观察到法官如何审判，又能观察到当事人、律师、证人以及刑事案件公诉人等的诉讼行为，使枯燥的法律知识更具有立体性。通过观摩活动，学生对学习的法律科目有了更直观的认识，增强了对所学科目的兴趣，使法律和法学理论变成活的法律和活的理论。

组织学生到法院旁听法庭审判，可以让学生对司法程序形成初步的印象，对法官、检察官和律师等进行初步了解。对于刚刚开始学习法学的学生而言，法院旁听是法学实践教学的入门课，有利于学生对法律专业形成初步的认识。法院旁听肯定要到法院去或者法院审判进校园来，这就需要院校与法院联系，并得到各级法院的大力支持。一般来说，各培养院校都会与法院签订诸如"法律研究与适用基地""某某院校法律院系实习基地"等协议，以方便培养单位组织学生到法院旁听案件的审理。

从监督的角度来讲，旁听是对法院审判活动的一种有力督促，所以法院在审判过程中有比较典型的案例，也会通过院校主动邀请学生到法院旁听。在参加法院旁听的时候，要指派专业教师与学生一起参加。在旁听结束后，教师与学生一起讨论分析旁听时法官、检察官、律师等人员在法庭上的表现，指出其优点和不足之处，帮助学生将感性认识深化为理性认识，提高学生的法学实践能力。

为了让学生在感受到真实庭审的同时，加深感官感受，更多了解、思索实践中的法律，各大院校都将法院旁听与观审这一手段用于正常的法学实践课程教学中。以西南政法大学为例，该校在观摩实践教学中，要求学生不局限于观察者视角，引导学生通过对观摩的感受去思考法律适用与法律程序等问题，以加深对课堂学习内容的认识和了解，学会运用所学法律知识。其主要方式有庭审观摩、刑事技术实验观摩、监所观摩、派出所（社区）观摩等。这一现场教学形式深受学生的欢迎，使学生获得对专业知识的直观认识，从而也为学生学位论文的选题创造了有利条件，将大大提升学生的科研创新能力。

7. 校企合作

目前，部分学校只是在学生在校期间开设法学课程，学生顶岗实习期间则不接受法学教育。这种教学模式存在一定隐患：学生仅从理论上接触法律知识与法律意识等概念，当真正走上工作岗位时，角色转变过程中无法找准自己的位置，难以解决实际问题。因此，迫切需要进行法学课程改革，将企业力量引入实践教学活动中来，实现校企合作。对此，可以在学校中试推行"1+2"管理的叠加模式，"1"指学校教务部门整体安排顶岗实习的目的、步骤，"2"指学校法学课程教研室根据实际情况制定实践教学方案，顶岗实习单位做好配合工作。

学校可以充分利用企业优质资源，与企业合作建立教育基地，营造浓厚合作氛围。企业可以在学校建立工作室，作为法学实践课程教学基地，宣扬企业的经营理念、规章制度等，方便学生提前了解企业。法学课程教师可以到相关企业学习培训，深入了解企业管理模式、人才培养目标，调查了解学生顶岗实习期间易遇到的各种问题，从而对症下药，开展有针对性的教育。

学校同样也可以将企业中的法律顾问、人力资源管理部门经理和专业技术人员等聘请为法学课程校外教师，由他们传递企业文化、求职须知和维权要点。法学实践课程教学地点从学校延伸到企业生产第一线，学生能更深刻、生动地接受法学教育，让学生在校企合作中更直观、形象地深化法律意识，学会运用法律知识解决问题，为今后就业打下良好基础。

例如，目前一些学生对法学认知程度较低，缺乏维护自身劳动合法权益的意识，对于一般性的劳动合同问题知之甚少，遇到现实问题便一头雾水。

校企合作能够有效克服这一局限性，让学生迅速接触到劳动法及劳动合同法的方方面面，学会运用法律武器维护自身合法权益，又避免违法违纪。学校组织学生到企业参观学习，可以举办座谈会，探讨双方关心的法学问题。比如，顶岗实习期间遭遇意外时，事故责任如何认定，学生的权益如何保障？用人单位招聘员工过程中，是否可以扣押个人身份证，可以收受押金吗？劳动者发生工伤事故怎么办？女性劳动者享有哪些特殊的劳动权益（如产假和哺乳假）？劳动者擅自出售公司商业机密，会受到何种处罚？失业人员如何领取失业保险金？这些问题企业最具有发言权。通过不断地交流与学习，学生对自己的职业规划越来越清晰，能够认真遵守各项法律规定，法律素养和法律意识更上一层楼。

8. 法律实务讲座

为了加深学生对法律实务的了解并弥补校内任课教师在接触社会、了解相关社会热点案例及争议案例的间接性，培养院校应当有意识地为学生举办法律实务方面的系列讲座。

此类讲座的定位是从理论层面探讨法律实务中的疑难问题，如特定热点案例、争议案例涉及的相关法律、法律的适应难点、争议理由、问题的成因等，以进一步加强理论与司法实践的联系，提高学生运用理论探究和解决实践中疑难问题的能力。基于这一目的，法律实务讲座的选题基本上是法律实务中的疑难问题，聘请的主讲人员大都是法律实务界的一些具有丰富实践经验和较高理论水平的人士，具体包括法官、检察官、律师、政府法制办工作人员，以及国企、央企的法律顾问等，其主讲的内容往往是法律运行过程中的热点问题与疑难问题，尤其是司法实践中出现的棘手问题，同时也给学生讲解司法体制改革中的一些热点和疑难问题，如"宽严适中"的刑事政策等。

为了更加深入地认识这一实践教学形式，这里以西南地区"四院校"（西南财经大学、云南财经大学、贵州大学、西南政法大学）为例进行分析。西南地区"四院校"在西南地区不同类型院校中都是有一定知名度的。西南财经大学和云南财经大学在西南地区财经类院校中享有盛誉，其中西南财经大学是我国首批"211工程"重点建设高校。贵州大学是我国西南地区著名的综合性高等学府，也是我国"211工程"重点建设高校，西南政法大学是我国法学教育领域少有的几位"引航人"之一，在全国的名气如雷贯耳。鉴于这四所高校的名气，前来讲学或者受邀前来讲学的法律实务界、学术界的专家学者络绎不绝。以西南政法大学为例，该校在法律实务讲座方面，有"周讲课堂""民事专题讲座""律师实务培训""检察官实务培训""法官实务培训"等形式。这些讲座主题内容丰富，讲学者资历深厚，关注法学前沿、热点、难点等，吸引了众多学生的关注，并引发了强烈反响。

通过一场场别开生面的法律实务讲座，一方面讲座者结合自己丰富的实践经验，把书本上一些枯燥的理论生动地表达出来，使学生的实践技能取得了显著进步；另一方面向学生传递这样的信息：理论学习、实践技能都是极其重要的，更重要的是在实践中将理论灵活运用，理论学习是前提，实践应用才是目的。

（四）丰富实践课程教学的形式

每一种实践教学方式都有其适用上的局限性和作用上的有限性，其对学生实践能力的培养也有各自不同的侧重点，因此，拓宽法学实践教学的渠道，丰富法学实践教学的形式，对学生使用与其相适应的实践教学方法，具有重要意义。

1. 联合培养基地的实践教学

以社会为市场，实行"开门办学"，加强社会与学校的联系与交流，开展"合力育人"，是培养应用型法学人才的有效途径。联合培养基地多为院校与当地法院、检察院等实务部门联合培养高素质法学人才，在基地有实践教学点，实务部门能安排来自司法实践一线的法官、检察官作为指导老师，即实践教学的指导老师，对学生的专业实习、见习给予指导。

2. 法律谈判与法律辩论

法律谈判实践教学的目的是有意识地培养学生的观察、思考、运用法律知识的能力。法律谈判主体综合素质的最终体现，不仅是法律知识的掌握，还包括其语言及文字的表达能力、表达技巧，言谈举止的礼仪、态度等诸多因素。

目前法律谈判教学大多以讲座形式出现，如聘请一些已退休或者在职的富有经验的资深检察官、法官、律师等司法工作人员、专业技术人员来校担任教职。可见，法律谈判实践教学操作性较差、难度较大、教学开展又存在客观困难。

相对法律谈判而言，法律辩论较为容易操作。法律辩论是以庭审环节为主要内容，但又不完全按照现行诉讼程序进行的一种法学专业的辅助教学活动。主要是由两方参赛队在给定的基本案情基础上，依据一定的比赛规则，自己设定和制作证据，在主持人的引导下通过出示证据、质证、辩论、陈述等环节展开辩论。实践证明，该实践教学活动对培养和提高学生的临场应变能力、表达能力、法律逻辑思维能力与灵活运用证据能力等综合素质具有积极的促进作用。所以，与法律谈判相比，法律辩论的操作灵活，有较强的可行性，而且因贴近实践教学与实际，在法学教育中开展的效果比较理想。

3. 翻转课堂教学模式

翻转课堂教学模式盛行于美国，最初用于学习辅导，现开始运用于法学课程教学中。翻转课堂翻转了传统教学中教师教授、学生学习的教学方式，符合新课程改革的要求，与实践教学法有异曲同工之妙。

翻转课堂教学分为两个阶段。第一阶段为网络教学阶段，教师针对特定知识点制作时长为 8 ～ 10 分钟的教学微视频，学生课前便可观看视频进行基础知识的了解与掌握；课代表收集学生发现的问题与困惑，汇总上交给教师，教师进而补充完善教学设计。第二阶段为学习支持阶段，教师整理总结学生课前和课上遇到的问题，进行答疑释惑并传至网络教学平台；课后学生若有问题，直接通过 QQ 群、微信群等途径向教师提问。翻转课堂对教师的信息化素养要求极高，教师应不断提高自身的信息化水平，充分利用现代教育技术资源，努力制作出画面清晰、效果突出、学生喜闻乐见的教学微视频。

例如，在讲到"维护宪法权威，培养爱国意识"时，课前教师制作时长 10分钟左右的微视频，视频内容可以从《厉害了，我的国》《我和我的祖国》中截取部分片段，展示中华人民共和国成立以来综合国力的提升，人民生活也越过越红火。教师制作好视频后发给学生，学生课前进行自学并将问题记录下来。

授课时，教师针对学生的疑惑进行针对性解答，通过一问一答的形式引导学生深入思考，鼓励学生积极说出自己的想法，加深对国家、宪法的正确理解，最后由教师进行系统总结。课下，教师再次针对学生存在的问题布置课后作业，整理好课堂动态资源分享给学生。学生根据课前微视频和课上资源查找知识盲点，巩固所学知识。

4. 实践教学网络平台的建设

21 世纪是知识、信息爆炸的时代，是网络信息世纪，网络教育与网络服务充斥在人们的生活、学习、工作中，积极运用现代教育技术手段是与时俱进的做法。以"专业、权威、服务"著称的北大法意，是一个法学研究与案例教学的专业平台，提供诸如司法案例、法律文书等检索服务。这些服务有助于学生的案例实践学习，有利于学生的个性化培养。

5. 引入专项职业培训课

也许仅安排大量的实践教学环节对于学生仍显得非常不够，要想让学生在2～3 年内成长为法律职业人，就必须在培养过程中将诸如检察官、法官入职培训方面的职业化培训内容纳入实践课程体系。法律职业的种类较多，通过学生走上社会后的职业取向，我们认为对学生至少需安排律师职业培训、法官职业培训、检察官职业培训和司法接待礼仪这四个专项的职业培训课程。

在这方面，相关院校可以开设律师实务、法官实务、检察官实务、公安实务、行政执法实务等实务专题作为法学实践教学的课程。以律师实务专题为例，安排诸如"律师的职业规划与执业准备""律师的职业技巧""如何做一名执业律师""功夫在庭外——律师庭前准备工作重点""律师如何建立自己的人脉"的课程，与学生的理论学习内容相得益彰，更能从正面激发学生学习法学理论知识的热情。

第六章 法学教育人才培养模式的探索

本章分为法学人才的素质构成、人才培养模式的构成要素、法学教育人才培养模式的问题、新型法学教育人才培养模式的构建四部分，主要包括具备法律信仰、具备法律职业道德、具备法律思维范式、人才培养模式的概念界定、人才培养模式的影响因素等内容。

第一节 法学人才的素质构成

一、具备法律信仰

（一）法律信仰的基本内涵

在《现代汉语词典》中，"信仰"是指"对某人或某种主张、主义、宗教极度相信和尊敬，拿来作为自己行动的榜样或指南"。而要培育法律信仰，首先便要去了解它。

法律信仰是指在社会群体中，公民个体的行为和活动都要遵循基本法律规定，并且使自己的所有行动都以法律为基本出发点和最高的信仰追求。法律信仰意味着人们在日常工作、学习和生活的所有活动中，都有意识或无意识地以符合法律要求的方式行事，比如在遇到一些纠纷或冲突时，自然而然地想到运用法律来解决问题，而不是规避法律或采用其他非法行为。从某种意义上说，为了解决问题，法律信仰要求人们将法律作为最高和最终的衡量标准，所有行为都必须在法律允许范围内进行评估，并且不能超出此范围。换句话说，当一个人遇到某件事时，他首先想到的是法律，进而对事情是合法还是非法进行判断。

法律信仰的含义可以理解为全体社会公民自觉遵守，并信服、认可国家颁布的法律，表现为社会公民相信法律可以帮助人们实现对公平正义的追求，相信法律可以保障公民个体的合法权益和生命财产安全，这一状态就可以称为对法律的信仰。法律信仰与宗教信仰不同，法律信仰是信仰和理性的统一结合体。

法律信仰的建立是公民在受法律规定约束和保护下逐渐形成的，公民个体在这一过程中可以感受法律的公平正义和对自己权益的保护，在两者的正常互动下，公民渐渐形成了对法律的信仰。从人的本质上来看，人性也是有一定的缺陷的，这就需要道德和法律来对不好的部分进行改变和约束。人类社会的发展，需要道德和法律的共同存在，需要两者的共同作用去维系社会的正常运转，道德约束不到的地方，法律来完成使命，这两者互为补充，构建了对公民个体行为约束的规范体系。

（二）法律信仰的内容要求

1. 具有法律至上意识

（1）公民具有法律存在和合法性意识

公民具有法律存在和合法性意识，是指公民应该意识到法律在人们的日常生活中随处可见。公民自身需要了解，无论是家庭生活、一般社会生活还是国家间关系中都有法律存在。换句话说，公民自身应该知道自己的所有行为都在法律之网的笼罩下。除此之外，公民个体应该将法律置于自己内心中最高地位，当一些规则和法律之间产生不可调和的矛盾时，必须坚持以法律为最高价值准则。只有将这一精神理念置于公民个体的内心深处，成为其处理和解决问题时的第一价值选择和强大的力量支撑时，法律的作用才能得到充分发挥。

（2）公民具有政府权力受法律限制的意识

西方一些学者认为，政府的作用具有两面性。一方面，政府是保护人权和维护社会公平正义的"机器"，另一方面，政府也很可能是破坏自由和践踏人权的"怪物"。所以，一个社会在追求法治的过程中，首先要做的事就是要用法律制度的框架限制政府的公权力。詹姆士·哈林顿（James Harrington）就曾经说过："一个共和国的自由存在于法律的王国之中，缺乏法律便会使它遭受暴君的恶政。"从法治精神这一理念角度来看此问题，宪法最直接的作用就是限制国家行政机关和司法机关的公权力，限制其公权力的使用方法和边界，对于宪法中没有明确授予的权力职责，政府机关不得借用自身力量进行干预。

2. 认同法律价值

（1）切实体验法律价值

由于法律蕴藏着价值，而价值是不能靠感官直接感知的，这就要求公民对法律的价值有切实体会，真正理解法律的价值。只有公民不再将法律视为外部的、阻碍性的、不相关的强制性规范，而将其视为国家众多控制手段中的一件非人格化工具，并认为法律与自己的生活时刻相关，这才是对法律内在含义的真正理解与实际遵循。公民是法治的主体，法律表达了公民的共同意识，反映了公民的诉求。只有这样，他们才不会厌倦、恐惧或逃避法律，而是特别重视法律，并将其视为内在的生活方式。

（2）深度认同法律价值

法律信仰是神圣的，公民需要深度认同法律的价值。换句话说，这种认同是无条件的，公民不仅要在心理上是感知的，而且要落实在实际执行中。为了达到这个高度，公民必须具有法律价值体验的经验积累。只有当一个人在知识、情感、意图和行为方面体验到法律的价值时，才能形成公民自身的法律信仰。正如北京大学法学院院长苏力所言，"法律信仰是一个逐渐演进的选择理性结果，理性和信仰在这一过程中获得了一致性"。

3. 形成积极守法的精神

（1）自觉守法

公民能否形成法律信仰的关键取决于自我意识。对于公民而言，有意识地执行法律规范是公民树立法律信仰的重要体现，否则带来的强制执行成本可能更高。如果一个公民群体具有普遍的自觉守法意识，则表示该群体的法律信仰状况表现良好；反之，则表明该群体对法律缺乏信仰。

（2）守法如守己

公民应当将遵守法律视为义务，并表现出自愿遵守法律的行为。如果公民根据法律的强制性而非自身的内部需求来遵守法律，则意味着他们不相信法律，也表明了法律没有植根于他们的内心。如果公民个体凭借着对法律的敬畏和信仰而自觉以自己的行动守法，而不是因为法律的强制性而畏惧才守法，并把这种守法的行为和精神作为自己的职责，主动承担责任和义务时，这就表明公民个体已经具备了法律信仰，并且能够在实践活动中做到"守法如守己"。

（3）全面守法

全面守法意味着即使遵守某些法律规范对公民来说不利，公民也可以根据自己的本能意愿自发地遵守法律法规，并且这种践行守法精神的行动是出于对法律的敬畏和信仰做出的自主选择，此时公民所呈现的就是一种全面守法该有的表现。当他们意识到自身的这种行为可以给自己带来长期的利益和幸福，同时也有利于其他人时，这种守法的行为就会进一步得到加强。相反，如果他们不遵守法律规范，就可能对自己造成极大的伤害，也可能给他人带来不必要的伤害和损失。

（三）法律信仰的价值

1. 法律信仰是个体全面发展的内在要求

我国实行社会主义制度，不仅注重人的全面发展，而且为人的全面发展提供了空前的良好条件。现实社会的种种例证证明了社会主义法律是进步、先进的法律。在我国，法律基于中国特色社会主义经济制度和分配制度，反映的是人民的共同意志，是人民当家作主的体现，同时也是实现社会主义社会充满生机地有序发展的基本条件，是人的全面发展的根本保障。然而在现实中，社会主义法律存在着一些不完善的方面，社会主义国家的社会生活中还存在着一些法律异化现象。这既不符合社会主义的本质，也不利于人的全面发展。要克服法律异化现象，完善社会主义法律，就要以马克思主义法学观为指导，努力实现法律创新。同时，公民个人要树立起对法律的信仰，建立法律信仰是全面提高个人素质的内在要求。在法治社会中，树立个人的法律信仰非常重要。学生可以通过课堂或课外活动，抑或关注法律事件来学习法律知识。

2. 法律信仰是构建和谐社会的有效途径

（1）法律信仰是构建和谐社会的价值要素

构建社会主义和谐社会是法治社会建设的目标。在推进法治建设时必须满足以下两个条件：一是建立起反映整个国家意志的法律体系；二是社会公众要相信国家法律。如果没有整个社会对法律的信任，无论法律制度多么完善，都无法实现法治，也无法实现构建和谐社会这一目标。因此，公民没有法律信仰时，法律对公民而言就是死板的法律条文，只是国家治理的工具。公民没有法律信仰，法律就难以有效解决社会矛盾和规范公民的行为，就更别提实现公平正义这一目标了。法律之所以能在国家和社会中起到重要保障作用，就是因为法律具有强制性。如果一个国家有着良好的法治体系和法律条文，但是公民并不信服和遵守的话，这个国家就不能称为一个法治国家，这个社会也就不是一个法治社会。

（2）法律信仰是通向和谐社会的桥梁

道德和法律都是用来约束人们行为方式的一种规范，只不过两者的表现方式不同而已。道德是一种无形的精神力量，用以教化和约束人的不良行为，靠公民个体自身的自律和社会共同认知来规范；而法律则表现为一种强制性的制度规则约束，靠国家强制力来保障。

信仰是一种人类文明，是人的行为道德准则，可以让人明辨是非、知美丑、知善恶，调节人与人之间的利益关系，增强人的社会性，促进群体的发展。信仰代表着人类对生存的终极价值的探索和追寻，可以说，正是信仰的力量不断推动着人类前进。中华民族有自己的文明体系，有自己的文化家园，几千年的历史早就给我们沉淀下涵盖人生方方面面的道德规范和行为准则，每个人从出生起就受到这些文化的熏陶、这些规则的约束。这同样可以理解为一种信仰的力量——这是一种道德传承的信仰。我们尊崇的信仰，是从实践中总结提炼出来的中华文化，是不断探索、不断完善、追求真理的一种力量。对人们的法律信仰来说，其存在可以有效解决法律与现实问题之间的关系，在这两者之间建立起一条友善的桥梁。

（3）法律信仰是和谐社会建设的催化剂

在人们的传统理念中，有着一些的非理性因素，而法律信仰则是理性的，它意味着绝对理性。人们对法律的追求与敬畏，不是表现为简单的崇拜法律条文，而是相信法律可以维护社会安全、保障自身权益，是能拿在手里的同一切违法犯罪行为做坚决斗争的有力武器。这种追求是对传统信仰的热情，但更重要的是，人们在追求喜悦感、心理满足感和归属感。和谐社会就是由一个个有着法律信仰的公民所组成的，他们对法律有着敬畏感，并信服和遵守，愿意在法律秩序的规则内进行社会活动，这是一种无私而热情的追求。公民只有带着法律信仰，才能在日常实践活动中自觉遵守法律要求，从而养成运用法治理念思考问题的习惯，以此达到构建和谐社会的目标。

二、具备法律职业道德

任何一种职业都有对应的职业道德要求，职业道德可以说与职业的出现大致同时。例如，在古希腊，在医生的职业刚刚产生时，就有了约束医生的《希波克拉底誓言》。又如，早在所罗门时代，人们对于法官的要求就包含了公正、智慧等内容。由于职业道德与特定职业联系密切，不同的职业往往会建立其与众不同的道德规范。如人们所说，有多少种不同的职业，就有多少种道德形式，甚至某些职业道德之间是截然不同的。例如，将军的职业道德与士兵的职业道德明显不同。前者要求审慎地思考每一个命令是否合法合理，而后者则以无条件服从命令为职业道德。

对于法律职业道德来说，以下几点是很重要的。首先，职业道德的具体标准应是法律职业内部的标准。法律职业之外的那些标准当然也很重要，但是，它们不是专门着眼于约束法律职业人员的，因此不具备针对性。同时，也只有业内人士普遍认可的职业道德才能在业内得到多数人的拥护。其次，法律职业道德的遵守依赖于专门机构的实施和职业内部人员的认可。没有职业内部人员的共同认可和接受，标准制定得再好也不能实现；没有专门的、在法律职业内比较有权威的机构的实施，法律职业道德也同样属于"空中楼阁"。最后，法律职业道德的总体要求是法律职业人员应树立公正理想，通过法律为人们解决纠纷、维护社会秩序。职业道德与普遍道德不同，后者致力于树立完美的人，而职业道德只是对于以职业为谋生手段的人们的职业行为的一种约束，不是希望他们有多么崇高，而是希望他们能够认真负责地对待自己的工作。

三、具备法律思维范式

思维是人脑的一种主观活动，具有一定程度的自由性。但同时思维是人脑在具体客观环境下的一种主观活动，无法完全排除具体的客观条件对于人脑的影响。换言之，人的思维是在客观环境的制约下完成的主观活动。

关于"思维"的词汇定义，《辞海》中的解释是：理性认知，即思想；思考的过程；相对于客观存在而言，指意识与精神。《现代汉语词典》中"思维"的解释是：①在表象、概念的基础上进行分析、综合、判断、推理等认知活动的过程；②进行思维活动。综合以上释义来看，思维就是相对于客观存在而言的，是人脑对客观事物的一种反应以及思考过程。

在亚里士多德看来，思维有两种基本形式，即"沉思"和"审慎"。前一种可以获得认识，后一种可以做出正确的决策；前一种体现理论理性，后一种体现实践理性。黑格尔（Hegel）则认为，思维最初是知识与自身的纯粹同一性。人们意志上的活动与符合理性的活动、想象的过程与身体感官的活动都是思维。但是，走路这个活动不是思维，而在走路时人们所具有的感受或认知是一种思维。马克思指出，思维观念与意识的产生最初是直接与人们的物质活动、物质交往与现实生活联系在一起的，观念、思维、人们的精神交往是人们与物质关系的直接产物。从以上三种观点不难看出，思维与人所处的具体客观环境密不可分，虽然人的思维具有一定程度上的主观自由性，但是人的思维无法摆脱客观条件的影响，思维的本质仍是人脑对于客观条件的反应，是主观意识与客观存在之间关系的体现。

法律思维是人的一种思维方式，从文义来看，法律思维可解读为运用法律进行思维或者关于法律的思维。

郑成良教授认为，法律思维是指在公共决策与私人决策的过程中按照法律的逻辑来观察、分析与解决问题的思维方式，或者称为思考的方式，因此合法性判断是其核心内容。法律思维通常把政治上的利弊、经济效益与道德评价作为次于法律位序的考量因素，而把合法性判断作为首要考量因素。也就是说，在思维的过程中，法律作为第一要素需要被充分考量，而其他诸如政治、经济、社会要素均需排在法律要素之后。

李道军教授认为，法律思维是依照法律制度、法律规范、目的与原则等要素来分析与解决社会问题的思维方式，是随着人们在司法实践中对法律认识的不断提高并系统掌握法律方法后所形成的一种思维方式。其观点不仅强调了法律思维是以法律制度、法律规范、目的和原则为核心要素的思维方式，而且明确强调了法律方法的重要性。法律思维应当包括应然和实然两个层面：应然层面是指法律思维在社会中"应当是什么"以及"应当怎样"，这是一种理性思考，也是评价实然法律思维的一种标准；而法律思维的实然，是指法律思维在社会中"实际是什么"以及"实际怎么样"。法律思维的实然包括法律思维的应然价值转化为客观现实的必要性和可能性，以及法律思维的应然价值已经转化为客观现实的客观性。

由此可以看出，思维层面与其依赖的法律规范一样存在应然和实然两种层面，而由于法律思维的主观性，其应然层面对于实然层面的指导与价值判断意义十分重要。法律思维的运用一定程度上体现在法律方法的运用上，法律方法比法律思维更加具体化，可以通过具体的法律方法运用规则予以指引。但法律思维与法律方法有时难以从表面区分。无疑，法律方法背后体现的是法律思维，尽管一些应然层面的法律思维没有直接体现在司法实践中，但必须承认，应然层面和实然层面的法律思维的划分有其重要意义。

苏力教授认为，法律思维其实并不是法律职业者所专有的，以及在所谓法律共同体中也不存在统一的思维方式。苏力教授强调"考虑后果"与"超越法律"，他认为法律思维不是一种法律职业者特有的思维，普通人同样可以进行法律思维。随着法治建设的推进，普通人对于法律的思考以及运用法律分析、解决社会问题的频率越来越高，法律受到越来越多人的重视，逐渐成为一种思维方式而高度融入人们的日常生活中。但不可否认，作为专业的法律职业者所运用的专业法律思维，与普通人对于法律的思考以及运用法律分析问题的法律思维存在比较大的差异性。专业法律职业者通常经过系统的法学院学习、职业资格考试以及入职后的大量实践经验而逐渐培养出相应的专业法律思维，而普通人对于法律的一般认知与非系统化的分析运用在专业性、准确性、系统性上都远不如专业法律职业者的法律思维。但同样不可否认，随着法治建设的不断推进，人们对于法律的学习、探讨与应用频率会越来越高，普通人对于法律的思考也可以纳入广义的法律思维中来。

我国著名法律方法论学者陈金钊教授认为，法律思维是法律专业化的特征，是法律人与其他人的主要区别。正是因为法律人掌握独特的法律方法与职业技能，法律人的职业存在才被人们所认可。法律人思维的核心要素是法律方法，在法律方法的长期作用下形成法律人思维。法律思维的主体是法律人，思维的对象是法律规则与案件事实。方法影响思维并决定思维主体是否具有独特的思维。

由上可知，苏力教授和陈金钊教授均认为，法律思维是法律职业群体所具有的一种职业思维方式，区别于普通大众对于法律的简单思考或者用法律简单分析社会问题的非法律职业化思维方式。而法律方法是法律思维的重要体现，法律方法的熟练运用是区分法律职业群体与普通大众的重要标志之一。普通大众对于法律的思考与认知或者运用法律分析社会问题的非专业化思维并不是狭义上的法律思维，而是一种广义上的法律思维。普通大众对于法律的理解、分析与运用虽然与法治建设同样具有紧密联系，但是法律职业群体的专业思维是更为突出的重点问题。

第二节 人才培养模式的构成要素

一、人才培养模式的概念界定

"人才培养模式"是基于现代教育理念的一种新型教学模式，具有稳定性的教学课程体系，也是课程评价涉及整体的人才培养过程的综合模式。

关于"人才培养模式"这一概念的界定，我国很多学者都对其定义进行过研究。例如，周远清在第一次全国高校教学工作大会上，全面而详细地指出了人才培养的方式，认为人才培养的方式即为了实现明确的教学目的而运用的相应的教学方法和手段。可以说，"人才培养模式"是高校人才培养中所面临的必然性问题，有关我国对人才培养模式的探讨，在近几年才广泛性开展。

高校对人才培养模式的分析最初是文育林在《改革人才培养模式，按学科设置专业》这篇论文中提出的，该论文对高等教育人才培养进行了相应的研究，随后各高校的教育工作者都对本校的人才培养模式问题进行了深入性的探讨。但是在这些早期的研究中，没有在人才培养模式上有深入的说法。

随着教育工作的开展，教育工作者以及相关学者对"人才培养模式"的研究更加深入。刘明浚在《大学教育环境论要》论文中第一次对"人才培养模式"给出了确定的概念，同时在探讨中指出：人才培养模式是在教学大环境下，选择相应的教学目标和教学方法。

继而教育有关部门在"人才培养模式"的内在意义上给出了明确的诠释，在《关于深化教学改革，培养适应21世纪需要的高质量人才的意见》文件中指出，"人才培养模式"的意义就是指，学校在教学活动实施的过程中，为培养学生文化修养、全面素质以及能力而开创的形式和方法。

发展至20世纪90年代，人们更加重视人才培养的模式，在这方面的探讨和研究也是快速增加，逐渐有了比较有特色的观点、定义。周远清认为，人才培养模式是指人才培养的目的、规格和基本的模式。钟秉林在研究中指出，学校在教学活动开展过程中，对学生知识、能力以及素质结构的构建，以及为实现这种结构所采用的模式，即人才培养模式。龚怡祖在研究中指出，人才培养模式是在某种教育理念的引导下，为实现教学目标所采用的具体的教学模式。刘红梅、张晓松在研究中指出，关于人才培养模式，教学手段、教学形式、教学系统、教育环境、教学创新观念以及课程体系都是其模式的体现。

综合不同学者对人才培养模式的概念界定能够得出，相关观点具有一定的相通性。总体可以概括为，人才培养模式是在教学思想的引领之下，为了完成教学目标而采取的教学方法。同时，部分学者认为人才培养模式是一个静态模式，而有的学者认为其是一个动态的教学过程。综合来看，人才培养模式可以总结为培养目标、培养制度、培养过程和培养评价。

二、人才培养模式的影响因素

改革开放40多年来，我国的高等教育人才培养模式经历了漫长的发展过程，思考哪些因素影响着我国高等教育人才培养模式的变迁，是一个严肃且必须加以深究的问题。本书从外部因素的影响、高等教育内涵式发展的诉求、个体自我完善与发展的需求三个方面，分析探讨这些因素如何影响改革开放40多年来我国高等教育人才培养模式的变革。

（一）外部因素的影响

1. 政府权力主导高等教育发展

现代大学与政府的关系，直接影响大学未来的发展走向和命运，进一步来说，政府是现代大学发展的有力支撑。进入 20 世纪末，随着高等教育的不断升级演化，全球流动、大众普及成为高等教育的新特点。随着经济社会发展的高速演进，创新正逐渐成为决定经济发展的主导因素之一，而决定创新的至关重要的因素就是人本身。不难发现，教育特别是高等教育在国家走向繁荣富强的进程中起到了越来越大的作用。全球主要经济体不约而同地强化了政府对高等教育的重视程度和把握力度，对教育发展的聚焦点也不约而同地面向了大学教育。从横向来看，全球高等教育竞争演化得愈发激烈，资金是否雄厚、资源是否充足成了大学之间竞争的两个主要影响因素，而政府是否鼎力支持与大学的发展息息相关。

2. 经济发展水平助推人才培养模式变革

（1）经济发展"新常态"

改革开放以来，我国经济以前所未有的速度增长，如今历经 40 多年发展变化，我国经济发展已由高速增长阶段转向高质量发展阶段，经济发展进入了稳步增长的"新常态"。这种新常态，不单单是我国发展理念的优化变革，也是国家长远发展、经济持续繁荣的战略变革。

经济发展"新常态"需要高等教育进行变革，并对高等教育变革形成外在压力。在经济发展新常态模式下，高等教育为确保其在整个经济转型过程中发挥驱动作用，必须在人才培养方面进行不断变革。首先，在新常态下，在经济社会发展的同时，相匹配的复合型专业人才培养也在同步搭建，以期形成互融互促、协同发展。其次，在"新常态"下，人才培养应立足于科技创新，着眼于未来发展，聚焦创新型前沿知识体系，推进科研体制改革发展，培养敢创新、能创新的新型人才，强化助推我国的工业体系向创新创效、提质增效方向发展。人才培养新模式需要体系化的支持助力，这就反向推动高等教育要从整体上对经济发展做出响应和变革。

（2）知识经济

知识经济是指以智力资源为首要依托，建立在知识和信息的生产、分配、应用之上的新型经济。20 世纪末，西方一些国家由于技术革命率先演化出了知识经济，并随着经济全球化的拉动，知识经济的影响力逐步扩大，渐渐变成了全世界范围内经济发展的重要着力点。

当前，国际经济的竞争既是知识创新、创造的竞争，也是具备知识创新能力和创造能力的人才的竞争。而知识经济与高等教育有着密切关系：一方面表现在高等教育在知识经济社会中扮演的角色和占有的地位越来越重要，高等教育逐渐成为知识经济社会发展的中枢，对社会经济的发展有着特殊作用；另一方面，21世纪的经济竞争很大程度上演变成教育的竞争，高等教育面临着新的要求，现代大学作为人才培养的轴心机构，必须革新人才培养模式。

知识经济的一个重要影响是其转变了工业经济仅仅通过获取使用自然资源就能够获得长足繁荣的发展路线，经济发展转而依靠知识的创新与科技生产能力。这种知识经济的特点决定了在国际经济的大比拼上，哪个国家的创新意识强、创新能力强、创新的转化能力强，哪个国家就能在竞争中占据有利位置。知识经济的发展推动了高等教育的转型发展，基于此，全球范围内的各个国家均着眼于创新，纷纷将学生的创新、创造能力培养当作高等教育改革的重要目标。

3. 科学技术发展给高等教育人才培养带来挑战

（1）科学技术革命

当今世界的竞争，是科学技术的竞争，是专才的竞争，也是高等教育的竞争。科学技术的创造、发明、传播和应用都离不开科技人才，而科技人才的培养依靠教育，尤其是高等教育。高等教育担负着为社会培养高级专门人才的重要任务，其发展必须与时代所要求的社会、经济、科学技术发展水平相适应。可以说，高等教育与现代科技的关系是密切而相互影响的。

为了应对科学技术革命的快速发展，高等教育必然要进行调整和改革。现代大学不仅是科技人才的生产基地和人才供给基地，而且是科学技术生产和再生产的基地，是现代科学技术与人文综合化发展的理想环境，更是现代科技迅速转化为生产力的主渠道。据此，高等教育改革必须面对现代科学技术突飞猛进的现实，尽早实现教育与科研功能一体化，以增强竞争实力。

此外，高等教育必须革新人才培养模式，重视和全面提高专门人才的素质；培养学生的科学素养，使学生能够熟练使用现代技术手段进行学习；使学生具备创新意识和创造能力；同时提高学生的人文素养，实现高科技、高文化和高情感的"三位一体"。进入新时期，高等教育要立足于我国基本国情和现代化建设的需要，提出切实可行的措施，在经济发展和社会进步中发挥更大的作用。

（2）人工智能浪潮

人工智能作为新一轮产业变革的核心驱动力，对经济发展、社会进步等各方面有着重大而深远的影响。这种核心驱动力的形成需要我们从根本上重新剖析"人才"的内涵，思考人工智能时代"人才"的培养目标与衡量标准。

人工智能时代给高等教育人才培养带来了机遇，为高等教育人才培养迎来广阔的发展空间，具体而言，表现在人才培养意义与价值的凸显、人才培养途径与方法的改善以及人才培养硬件与条件的扩展上。首先，人工智能技术的发展最初即得益于人才，因此，培养技能型、创新型人才对于国家在人工智能时代发展科技具有重要意义；其次，人工智能技术的更替使高校培养人才的途径和方法得以改善，丰富了授课方式和教学方法；最后，教育的发展一定程度上得益于人工智能技术的进步，因此，人工智能技术的进步可以为高校人才培养提供更为先进的硬件设施，有助于学生在更为先进、舒适的学习环境中学习知识、提升科学素养。

在人工智能时代，以强大数据库为支撑的深度学习，使高等教育人才培养同样面临着相应的挑战。首先，在人才培养过程中，高校面临着信息膨胀的挑战，如何在有限的课堂中基于教材传授尽可能全面且丰富的知识是对教师的考验；其次，由于智能技术与学习机器的快速发展，知识多被"和盘式"提供，免去了学生对基本知识搜集、归类、总结的部分环节，一定程度上阻碍了学生自主探索、辩证思考能力的提升；最后，当前社会越来越多的基础性、常规性岗位由人工智能机器即可胜任，其对于部分职位的占位也就必然影响部分高校毕业生的就业选择，如何在人工智能时代寻求、判定自我的职业能力与存在价值是学生需要面对的考验。

（二）高等教育内涵式发展的诉求

高等教育走内涵式发展道路，即满足其在政治、经济、文化等多方面实现知识发展价值的诉求，并通过满足这些价值诉求提高高等教育自身的质量，而评判高等教育质量的首要标准就是人才培养的质量，因此，高等教育自身具备的政治、经济、文化功能深刻影响着人才培养模式的变革。

1.培养国家所需之才

教育有其政治意义和功能，集中体现在以下两方面。首先是在教育过程中，社会的意识形态能够在潜移默化中传递给受教育者，可以使受教育者自发产生支持、拥护社会政治基础和意识形态的本体思维逻辑和行为模式。其次，国家在甄选重要管理人才时需要通过教育的培养以及教育过程后的选拔来进行，以保证社会的长治久安。

教育是上层建筑的一个领域，高等教育的政治功能是由其性质和特点决定的，有其鲜明的阶级性、时代性。在社会主义国家受过高等教育的人，要与国家发展相匹配、相适应，同时也要与人民群众的利益保持高度一致。我国现行的高等教育就是要把受教育的学生培养成匹配我国发展需求、能够为国家后续发展贡献力量的高素质复合型人才。

2. 提升经济发展水平

高等教育对社会经济发展的助力作用不容忽视，不断扩大高等教育规模、提升高等教育质量，能够为推进社会繁荣发展、助力社会经济改革、实现产业结构升级提供源源不断的人才。此外，当经济发展到一定水平后，教育质量的作用远大于教育规模的效用，因此推动高校在培养大批量专门人才的基础上，更专注于提升培养人才的质量，使毕业生能够真正为社会经济发展服务，显然更为重要。

高等教育质量的提升不单单关乎于经济社会发展水平这一个层面，其对经济发展质量的影响尤为显著。在当今时代背景下，经济社会的高质量发展无法割离高质量科研创新成果的转化，而高质量科研创新成果的转化又离不开科技创新领域人才的推动，也就意味着离不开高质量高等教育的培养和孵化。当下我国正处于经济社会发展转型的重要阶段，因此高等教育人才培养对我国经济的高速、高质发展承担着重要责任。

3. 提高学生全面素质

高等教育与文化的丰富、创新、更新息息相关。高校通过探索学术领域难点，能够持续创造全新的知识文化成果，助力专业文化的不断发展，进而拓展社会范围内文化知识的宽度和广度。此外，高校依托与先进文化的深度交流、沟通互动，可以更好地学习优秀的外来文化，并去粗取精，将其培植于我国繁荣昌盛的文化沃土中，做到成果融合、互促提升、不断优化繁衍，形成更具中国特色、更符合我国基本国情的文化成果，并通过学校教育推动中华文化的传承与更新。而优秀文化教学能够促进学生素质的提升。

大学的第一职能，毋庸置疑是教学。这里所讨论的高等教育教学，不单指传授给学生如何成为合格公民或具备在社会上立足的基本素质，更多指的是教化培养学生的品格、情怀，使其具备丰富的知识与高尚的情操，成为有理想、有追求的人。

当今社会发展要求高等教育致力于提高学生的全面素质。"现代世界理科和文科的裂缝需要用科技人文科学来黏合"的呼吁，描述了在现阶段背景下，高等教育所培育的人才要具有全面的能力、素养和良好的个人品格。完善大学教育，充分发挥高等教育的文化功能，通过高质量的高等教育促进学生全面发展，恰好符合了时代对教育的需求。

（三）个体自我发展与完善的需求

人才培养模式的重点在于人的发展，因此研究人才培养模式的影响因素不能忽略人自身发展的需求这一维度。社会、政治、经济、科技等外部因素的变化给高校的培养模式带来变革的载体约束，即充当了教育园林的"篱笆"式的存在；而高等教育多方面的需求则时刻影响着人才培养模式各方面发展的方向与倾向性，既缔结起教育与社会、经济、政治、文化的沟通桥梁，又与教育对象即"人"这一要素紧密相连。高等教育培养模式的主体是人，个体多方面发展的需求是影响人才培养模式变革的关键要素。

1. 个体的全面发展需求

人的全面发展包括人的需要的全面发展、人的素质的全面发展和人的本质的全面发展。马克思认为"你自己的本质即你的需要"，由此可知，认识、尊重人的需求，是肯定人的存在同时肯定人的需求在教育中重要作用的体现，是顺应规律的。

人因其需求而接受教育，通过教育达到其需要具备的素质，继而通过接受教育之后的社会交往和劳动实践又产生新的发展需求，然后接受新教育，如此构成良性循环。关于"人的全面发展"的定义一般是相对的，人的教育需求的全面满足构成人的全面进步，而个体的全面发展绝不等同于将人培养成随心所欲的人。在高校实际教育中，一般将学生的全面发展理解为人的各方面素质的综合发展，而个体对于全面发展的需求影响着高校人才培养模式的方方面面。

改革开放以来，人们对于"人的全面发展"的理解经历了多次变化。在改革开放初期，人们对于"人的全面发展"的界定还留存着中华人民共和国成立后"又红又专"人才观的烙印，当时人们对于自身的关注主要停留在世界观、阶级立场之上，谋求的是基于正确、坚定的无产阶级立场和马克思主义世界观之上的专门业务和技能。因此，改革开放初期我国高校的培养理念多集中于为社会主义建设培养"又红又专"的人才之上。到了20世纪80年代末，在四化建设的背景下，国家提出高等教育要为国家建设输送各类专门人才，要培养有理想、有道德、有文化、有纪律的"四有"人才。我们从中可以看到，虽然人才培养理念已有所丰富，但理想、道德与纪律的三方面要求依旧可以归属为"红"的需求之内，文化则可以理解为对于"专"的诉求，高校人才培养依旧未突破对于"人的全面发展"的二育论理解。

1995 年出台的《中华人民共和国教育法》中提出"教育必须为社会主义现代化建设服务、为人民服务，必须与生产劳动和社会实践相结合，培养德智体美劳全面发展的社会主义事业的建设者和接班人"，该文件条文基本上确立了对于"人的全面发展"的三育论。进入 20 世纪 90 年代后期，面对即将到来的 21 世纪新局，人们愈发认识到个体的发展还应观照社会、为我国现代化建设服务、为社会做出贡献，"人的全面发展"的内涵得到进一步丰富。基于人发展需求的多样化趋态，高校将人才培养目标扩充为包含政治素养、学习能力、为社会服务等多方面内容在内的表达，指出要培养"社会主义建设急需的高层次应用型和复合型人才"。伴随着 1996 年"向全面素质教育转变"目标的提出，人才培养模式也随之调整：在教学内容上更加注重中华优秀传统文化的教授，以推动学生对社会文化的理解与共鸣；增大了实践活动在教学中的比重，以提升学生切实为现代化建设服务的能力；等等。

进入 21 世纪，个体对于全面发展的需求进一步强化，在肃正政治素养、提升智力水平、夯实身体素质的基础上，人们将注意力更多转向其他方面的需求，如审美能力与情操、劳动实践技能等。这些多样化的需求，是伴随社会、政治、经济、文化而发展、变化的必然成果，是能够达成人的全面发展的综合素质结构。相应的，我国高校人才培养的理念、过程及评价的内容也得到进一步丰富，日臻完善。

2. 个体的个性发展需求

个体的完善发展，应该是全面发展与个性发展的有机协调。马克思指出，"人始终是主体"。人的主体性就是人在个体成长与社会活动过程中所展现出来的主观能动性，进一步来讲，就是其发展需求的个性化彰显。高校学生处于生理和心理发育的特殊阶段，容易受到外界因素的影响，其想法、意志、情感、欲求等时常处于波动状态。改革开放以来，基于学生个体发展需求的多变性与多样化，现代教育越来越注重学生的个性发展，高校逐步构建起越来越完善的人才培养模式，在培养理念、培养过程等方面不断变革，致力于在符合学生身心发展规律与兴趣的基础上保障其实践技能的锻炼，并在信息化指导下培育学生创新意识与能力。

改革开放后很长一段时间内，我国高校都以培养专才即熟练掌握某项专门技能的人才为主，以此为人才培养目标，课堂授课则以书本知识的学习为主，重在记忆、背诵系统的知识。随着社会开放程度的提高，越来越多的人意识到，学生仅掌握教材中提纲挈领式的知识是远不足以与社会接轨、认识学校以外的世界的。同时，学生想要将所学知识落实到社会生活中，真正学有所用，就必须掌握一定的专业技能，也就是实践层面的能力、技巧。1985 年 5 月，《中共中央关于教育体制改革的决定》指出，对当时的教育体制尤其是教学体系进行改革，调整理论学习与实践训练的比例，精简和更新教学内容，增加实践环节。此后，学生不仅得以有更多时间在课堂上进行器具操作，锻炼动手能力，而且可以进行丰富的科学实验，将所学理论与实际相验证。一些高校还规定，学生应当走出校园进行相应的生产劳动实践与专业见习实习，通过教学实践中的思考、探究，培养钻研、探索精神，提升专业技能与实践能力。

　　进入 21 世纪，伴随新技术、新业态的快速发展，创新意识与能力的培养成为个体发展的重要需求。过去高校内部以传统网络技术为载体的教学已逐渐不再适应日新月异的技术革新与学生全新的学习需求。基于此，高校以学生为中心，逐步推动培养模式的改革，重视培养学生的创新能力，增强学生全过程的学习认知，以提升新时期人才培养的质量。教学内容、教学方式、硬件设施等教育资源都针对学生个体的特定需求进行调整，主动适应信息化背景下学生个体发展的需求变化。

　　首先，在培养理念方面，高校积极转变治学思路，逐渐遵循教育信息化这一现代的、科学的教育理念，培养新时期能够担当起我国民族复兴大任的、富有发展生机与活力的高质量、高标准接班人。

　　其次，在专业和学科建设上，高校逐步运用信息技术促进新兴、热点学科专业的衍生、优化，促进相关学科的融合、交叉，并通过深刻挖掘信息技术的潜能，提升各专业所培养人才与我国经济社会发展的适应性。

　　最后，在教学体系中，部分高校以信息化作为牵引，带动学校教学体系改革。其中在教学方式上，高校利用信息技术更新、丰富教师的教学手段，促进教学环境的优化；在教学内容上，高校则通过不断更新学科知识，使所教、所学尽可能符合学生个性化发展的需要，为学生更好地规划学习路径、推送学习资源。通过信息化对高校人才培养的赋能，改革开放尤其是 21 世纪以来，高校人才培养的质量不断提升，学生的创新精神与探索能力、信息检索与分析能力、个性与社会适应性都得到了相应发展。

三、人才培养模式的要素分析

"模式"亦称为"范式",指代某种活动的理论架构和操作规范,不同的学科中对其有不同的解释。心理学将模式解释为存储在记忆中的图像;社会学认为模式是一种思维范式和对社会现象的应然解释。基于以上论述,笔者将模式理解为,基于一定指导思想下由不同要素构建而成的具有简单性、可重复性、可操作性等特征的标准样式和操作范式。而作为模式的一种特殊形态,人才培养模式是指基于一定的教育理论和培养理念,为高层次人才培养而建立起来的教育方式及其运行机制。要想弄清人才培养模式,首先需要对人才培养模式的构成要素进行归纳梳理。自20世纪80年代我国研究生教育发展至今,关于人才培养模式要素的研究未曾间断且研究内容不断深入,概括起来主要有以下几种观点。

①"三要素"论。该观点认为,人才培养理念、人才培养过程、人才管理考核是研究生培养模式中的关键影响要素。

②"四要素"论。持该观点的学者较多,主要观点如下:有学者将培养理念、课程目标、课程结构、培养过程作为人才培养模式的要素;有学者将招生过程、教学方式、导师作用、论文训练作为人才培养模式的要素;还有学者将培养目标、课程内容、教学过程、导生关系作为人才培养模式的要素。

③"五要素"论。该观点认为,培养目标、课程内容、导师指导、培养模式、质量保障是人才培养模式的基本要素。

④"六要素"论。该观点认为,培养目标、考核方式、培养过程、课程标准、管理形式、效果评估是人才培养模式的要素。

⑤"八要素"论。该观点认为,培养目标、培养过程、组织架构、师资水平、培养条件、效果反馈、人才质量、论文撰写是人才培养模式的要素。

在以上人才培养模式的要素构成中,各自既有培养模式的基本要素,又各自具有自身特色。根据高层次人才成长规律和人才培养模式的结构、功能和特点,笔者将人才培养模式的要素按照"培养什么样的人""怎样培养人""需要怎样的条件支持""质量保障体系如何构建""培养效果如何"进行了分析。据此,笔者将人才培养模式的要素归纳为培养目标、培养过程、支撑条件、质量保障、效果评估。人才培养模式的各要素之间通过相互依赖、相互协作形成一个较为稳定的模式系统,而系统间的各要素通过科学合理的链接与组合形成首尾呼应、相互关照的逻辑体系,使人才培养效果最大化。其中,培养目标起到导向作用,培养过程起到动力作用,支撑条件起到支持作用,质量保障起到保证作用,效果评估起到反馈作用。

（一）培养目标

有学者认为，人才培养目标是培养人才的主体在培养过程中使培养对象所要达到的总体要求。胡玲琳将培养目标归纳为经过一系列的教育活动使学生在知识、能力和素质结构上达到的要求和标准。

创新人才培养目标作为大学生培养目标的一部分，其内容应在遵循人才培养目标的基础上体现出独特性与针对性。基于此，笔者将创新人才培养目标理解为为培养创新型高层次人才而对大学生的知识、能力和素质进行综合培养。它是高层次人才培养的出发点和落脚点，在人才培养过程中具有导向作用，能够对支撑条件、质量保障和效果评估的指标体系构建起到修正和引领作用。其中，创新人才的知识结构是指不仅要有专业化的知识水平，而且要有较为完善的知识结构，并且形成有层次的、优化的、相互协作的知识体系，而合理的知识体系是创新人才培养和成长的必要条件；创新人才的能力结构是指构成能力的诸要素之间相互影响、相互关联的方式，其中主要能力包括独立思考能力、知识综合能力、创新思维能力以及组织协调能力；创新人才的素质结构是指在生理和心理上的修养以及在智力和非智力因素上的禀赋。

（二）培养过程

培养过程是高等教育系统的要素之一，它规定了培养活动的主要构成要素，是顺利培养大学生的基本保障，也是培养目标顺利实施的关键。对于培养过程的构成要素和运行机理，大量学者进行了深入探讨。有学者认为，科学规范的培养过程是高等教育的重要环节，他将高等教育的培养过程分为招生选拔、课程设置、导师指导以及教育方式等。钱程东则将人才培养过程划分为四个阶段，分别为理论学习、课题研究、导师指导、论文写作与答辩，并就各阶段提出了具体的操作步骤。

综上所述，笔者将人才培养过程的指标或环节分为招生选拔、课程设置、科学研究以及学位论文。其中，招生选拔是创新人才的入口关，是获得优质生源的重要保证，同时也是实现既定培养目标的基本要素。课程设置是创新人才培养目标的具象化，同时也是使创新人才培养达标的内在要求。创新人才培养的课程设置应在满足国家、社会、高校、学科、学生发展的前提下，遵循高层次人才成长的规律，体现课程的专业性、多样性、开放性、国际性等特征，从而保证人才培养质量。创新人才是推动科技进步的主要力量，通过科学研究可以为国家培养大量高层次、高素质、高水平的杰出人才。科学研究作为人才培养的实践环节，旨在使大学生以参与科研实验和学术活动的方式了解学科前沿并掌握先进的研究方法，从而提高自己的科研能力。让大学生参与科学研究，可以为国家的科技发展培养优秀后备人才，可以有效促进科研成果转化，推动生产力发展。衡量创新人才培养质量的指标之一就是学位论文，保证学位论文的质量是创新人才培养的重要研究内容。因此，高校需要在论文选题、过程管理、课题报告、中期检查、预答辩、评审制度等方面加强指导和管理，严守人才出口关，从而有效提高人才培养的质量。

（三）支撑条件

要想使创新人才培养取得预期效果，需要有良好的支撑条件，即教育教学资源。刘海峰从教师、学生、教学内容、教学手段四个教学要素入手，认为人才培养的基本支撑条件为师资、校舍、仪器以及图书资源。有学者认为，图书资料、经费投入、实验条件以及学术氛围等应当是人才培养的支撑条件。王晓漫指出，在人才培养过程中，除导师的作用外，实验室、图书馆以及网络资源等也为人才培养提供了重要的支持作用。有学者提出，师资队伍、课程结构、制度保障、学术氛围以及其他的硬件设施是人才培养的主要支撑条件。骆四铭通过对荷兰高等教育进行调查后总结出导师指导质量、物质条件、科研训练、学术氛围以及国际交流是人才培养的有效支撑体系。

综合以上学者关于人才培养支撑条件的论述，结合人才培养的特点与方式，笔者认为导师质量、经费投入、制度环境、学术氛围、硬件设施以及国际合作是人才培养模式的主要支撑条件。

（四）质量保障

高等教育质量保障是对人才成长发展过程的质量监控与管理，涉及各种利益相关者对高等教育的培养目标、培养对象、培养过程的监督与调控。高等教育质量保障体系以教育质量保障机构和教育质量保障活动为基础，以内外部质量保障组成要素的共同活动为媒介。其中，内部质量保障体系是以高校为主体对人才培养质量进行人才教育活动的体系；外部质量保障体系是政府和社会等中介力量为保障大学生培养质量而进行监督与评估的体系。这从制度和组织上提高了人才培养质量。

关于高等教育内部质量保障，不同学者进行了各类解读。梁传杰认为，高等教育内部质量保障是高校在对人才进行培养的过程中，各级管理部门、导师等不同主体为提高人才培养质量而相互协作的过程。岳英在探讨高等教育内部质量保障体系后认为，我国应建立起自上而下的，行政人员、教师、学生积极参与的人才质量保障机制。乔刚认为，高等教育内部质量保障应以目标、策略、制度和文化四个方面为出发点，以学生、导师、行政部门为落脚点，协同构筑人才质量保障体系。

此外，高等教育外部质量保障体系引起了众多学者的关注。刘再春通过分析国外高等教育质量保障体系，认为高等教育外部质量保障体系是政府、中介和高校等主体主导下的人才外部质量保障体系。梅红认为，高等教育外部质量保障体系是政府、高校、社会、企事业单位等通过各种手段与方式有效促进人才培养的体系。

笔者认为，人才培养质量保障体系的构建应遵循教育质量保障体系的基本范式。

（五）效果评估

效果评估的本意是指通过具体指标衡量某一项目或工作是否达到预期目标，延伸到人才培养上来，即指通过构建人才培养指标体系，在实施人才培养活动的过程和结果中衡量所开展活动是否达到既定目标。周彬认为，人才培养效果评估是人才培养改革的重要组成部分，其主要由诊断性、形成性和终结性三种评估方式组成。陈新忠认为，人才培养评价是对人才培养活动过程的评价，是对其培养过程及培养指标的效果判断，主要包括前期评价、过程评价和结果评价等部分。王琳在对人才培养评价体系进行研究后认为，创新型人才培养效果评价指标包括培养规模、论文数量、科研成果以及社会认可度等。刘平将大学生比喻为"产品"，认为"产品"最终是否合格应从培养结果来考量，而培养结果包含研究成果和社会评价两个主要的评价指标。

笔者认为，人才培养效果评估体系是包含诸多要素的系统性工程，涉及评价主体、评价目标、评价标准以及评价内容和方式等要素。效果评估的主要目的是有效评估人才培养是否达到预期的培养目标，即社会是否认可、学生是否满意、培养模式是否值得推广。

第三节　法学教育人才培养模式的问题

在知识经济时代，随着技术的快速更新，高校与政府、市场和社会的联系日趋紧密。人才培养是高校服务社会的重要表现之一，高校人才培养作用的有效发挥需要依靠社会、高校、市场的协调作用。

一、人才培养的协同角色定位不准

当前，高校与企业在校企合作人才培养上的合作发展观念有待完善，在各自的角色定位上仍存在偏差。对学校而言，最终要解决的是学生的实习就业问题，校企合作人才培养就是为学生提供平台，并没有十分重视过程。对企业而言，校企合作人才培养就是给学生提供实习岗位，很少考虑如何培养学生的问题。因校企双方对各自角色定位不准，导致在人才培养过程中"产"与"教"对接不紧密，主要表现在学校法学人才培养目标与企业需求对接不紧密、校企合作法学人才培养课程体系与企业相脱离。

（一）学校法学人才培养目标与企业需求对接不紧密

校企合作培养法学人才要适应市场经济发展，满足企业需求，实现校企双方互利共赢。应促进人才培养供需双方紧密对接，探索产业链、创新链、教育链有效衔接机制，实现学校与产业、学校与企业之间信息、人才、技术与物质资源的互通共用、共建共享。培养目标作为人才培养工作的出发点与落脚点，是人才培养活动的关键环节之一，决定着人才培养能达到什么样的标准。但目前，学校在人才培养目标的制定方面还存在与企业相脱离的现象。

（二）校企合作法学人才培养课程体系与企业相脱离

课程是教育教学活动的核心部分。学校课程设置是否合理，影响着学校职业能力教育的实施结果。目前，高校法学课程体系已经逐步向职业能力本位迈进，在法学人才培养方面，既强调加强学生的理论学习，又强调对学生实践能力的培养。理论和实践相结合是校企合作人才培养的基本方式，但目前高校在法学课程实施过程中仍然存在许多问题，人才培养课程体系与企业相脱离，结构仍有待优化。

二、人才培养的协同管理体系不够完整

（一）校企合作法学人才培养政策法规欠完善

近年来，国家出台了许多关于校企合作、产学研融合的政策文件，推动了校企合作人才培养的实施和发展。政府虽然不是校企合作人才培养的直接参与者，但在校企合作发展的整个过程中起着重要的引领及调控作用。校企合作法学人才培养的顺利发展，在很大程度上取决于政府在政策上的制定是否合理，是否有着完善的服务支持体系。

当前，政府在校企合作法学人才培养方面的政策不够完善，主要表现在以下两个方面。

1.缺乏有针对性的政策引领

梅吉尔（Meijers）斯提出政策协同超越现有政策领域边界和单个部门职责范围，需要部门间的横向协同和政府间的纵向协同。政府在促进学校与企业合作培养法学人才时应首先树立全局意识，同时结合学校与区域经济发展水平。在纵向上，各级政府要相互协同划定适当的权力界限；在横向上，有关部门要相互协同制定具体的法律法规政策，同时保障这些政策的针对性和可行性。虽然目前国家在职业教育方面已经在逐渐完善相关政策保障体系，且在相关的政策文件中，如《国务院办公厅关于深化产教融合的若干意见》《关于深化教育体制机制改革的意见》及《国家职业教育改革实施方案》等文件中都提到了校企合作、产教融合，提出要充分调动企业积极主动参与产教融合，加强政策引导，以此建立校企合作中法学人才培养的长效机制。同时，《中华人民共和国职业教育法》（以下简称《职业教育法》）中也强调了政府行业主管部门、行业组织和企业、事业单位应依法履行实施高等教育的义务，参与、支持与开展高等教育。然而，在这些指导性文件中，看似可以实现各主体间的资源统筹协调利用，但仍在法律层面缺乏相关条约的限制。而仅依靠国家的《职业教育法》，既不能限制主体之间职能的履行，也不能明确风险承担的责任。

2.缺乏完善的人力、物力方面的服务支持系统

在人力方面，对优秀人才的引进仍有所欠缺，缺乏双师双能型法学人才。在物力方面，缺乏对学校和企业合作培养法学人才的场地及设备等硬件的支持。

（二）校企合作法学人才培养体制机制欠健全

目前，学校与企业之间的合作关系以合同的形式确定，双方共同建立专门的组织机构来负责合作过程的管理、协调与监督。校企双方在法学人才培养方面，没有共同制定相关的管理制度和条例来明确双方的责任与义务，缺乏健全的校企合作法学人才培养体制机制。在这种情况下的合作，很容易导致校企双方在合作过程中不清楚应当如何共同培养人才，且合法利益难以得到有效保障，这对学校与企业深入参与校企合作法学人才培养有着很大的影响。

三、人才培养的协同互补效应不佳

协同效应观念认为，事物之间都存在着相互作用的关联，且每一种关联都

是一种契合关系，一个复杂开放的系统是由复杂的关系组成的，其内部子系统间都具有很强的线性关系。而协同效应是通过子系统的协同合作，实现集体发展目标"1+1>2"的整体效应。

而当前，在校企合作法学人才培养过程中，学校与企业并未通过合作对培养法学人才这一职业目标有更具体的了解，从而反思自身不足并采取相应措施来实现人才培养的转型。而企业与学校合作也未获得学校提供的技术人才服务等资源来推动企业自身的转型发展，校企合作人才培养的协同互补效应未收到很好的效果。

第一，体现在师资队伍建设方面，校企在共建共享师资队伍方面仍比较薄弱。对高校来说，"双师型"队伍是学校的主要力量，师资水平代表着教学水平，而现实情况是，学校教师在理论教学方面过关了，在实践技能操作方面却仍有欠缺。

第二，体现在校企共建校内实训基地方面，不能满足实践教学要求。高校实训基地是学校培养技术技能型人才的基本条件，但由于受到场地及企业不轻易投入资金等原因的限制，学校很难在校内场地还原企业的真实生产环境。加上资金及相关政策的限制，学校实训基地落后陈旧，不能满足学生实践实习的需要。

四、专业设置趋同

政府不仅在高校制订人才培养方案方面起着至关重要的作用，而且在宏观调控上起着重要的作用。政府调控不够到位导致专业设置趋同的原因主要体现在两个方面：一方面，政府管理过细，限制了高校专业设置的自主权，影响了高校特色优势专业的发展；另一方面，政府在引导专业设置建设时缺乏有效执行力，导致高校在人才培养方面滞后于市场需求。这些现象在一定程度上影响了高校的长期健康发展。当前不合理的法学专业布局具体表现在以下几个方面。

（一）教育部学科专业目录造成了高校学科专业设置的趋同

在法学类专业目录中，不仅高校的学科专业设置范围相同，而且各学科的名称和内涵相同。高校根据教育部门颁布的全国统一专业目录来设置专业，不利于形成自身的特色。

（二）学科专业组织和设置权限造成了本科人才培养方案的趋同

在传统的学科专业制度下，高校在院系设置、人才培养模式与培养过程等方面存在趋同现象。其原因有二：一是我国的院系设置是根据学科专业目录设置高校院系学术组织的；二是院系设置是以学科为基础的。因此，造成了本科人才培养方案的趋同。

部分高校忽视现有资源，不考虑自身的办学特点和实际情况，盲目争办热门专业，市场需要什么就设置什么专业，从而出现专业布局不合理与低水平重复建设等现象。显然，从长远来看，高校的发展将受到严重影响。

五、高校自主意识不足，人才培养定位不当

作为办学主体的各大高校，除受到政府及社会的影响之外，更重要的是受到自身条件的影响，主要体现在以下几个方面。

（一）高校自主意识不足导致人才培养趋同

高校不会轻易改变自身的办学定位，但是专业定位方向可以随着市场需求的变化而变化。高校应主动抓住国家的政策机遇，顺势而为，促进自身法学专业的跨越式发展。高校自主意识不足主要有两个原因：一是高校对当前经济形势的把握不到位，只看到了当前社会需要综合型人才，就将高校的发展方向定位为"大而全"的综合型高校。二是目前政府对高校的考核指标都指向规模、学科发展、专业设置等方面，且专业数量在一定程度上可代表高校办学的综合实力。鉴于此，部分高校为了提升自身办学的水平和提高高校排名，不顾自身的发展特色与优势，盲目地追求专业多数量和齐种类。这种综合性的发展定位，从根本上说，很大程度上是高校逐利行为的结果。而高校自主意识不足阻碍了法学人才培养的健康发展，不仅给人才培养的发展方面带来较大的负面影响，而且导致人才培养高度重复和过度趋同。

（二）人才培养定位不当影响专业健康发展

从法学专业自身规律来看，在高素质应用型人才定位下，高校法学专业的人才培养仍然存在有待改进的地方，在人才培养定位方面尤其突出。由于人才培养定位不当且特色不明显，导致高校法学人才培养存在趋同现象。人才培养定位不当具体表现在以下三个方面。

1.人才培养目标的定位问题

首先，过于泛化和缺乏鲜明特征的人才培养目标定位导致开办法学专业的高校之间存在同质竞争，并在很大程度上加剧了法学专业人才的供需结构性失衡。面对如此复杂的竞争形势，各高校只有实施差异化特色培养方案，才能打造出契合市场需求的差异化"产品"，并在竞争中胜出。其次，各高校在人才培养目标定位上对人才培养类型未做出任何区分。由于高校人才培养目标会受学生需要、市场需求、高校类型与层次、自身办学特色等诸多因素的影响，所以不同类型的人才培养目标在规格、课程设置以及实践环节等方面也会存在明显的不同。因而，2018年颁布的《教育部 中央政法委关于坚持德法兼修实施卓越法治人才教育培养计划2.0的意见》进一步促使各高校反思自身法学专业人才培养目标定位存在的一系列问题。

2.人才培养方案的课程设置问题

多样化的人才培养目标必须在培养方案课程设置中在强调法学本科教育一般规律的基础上体现各自的特点，这就需要对课程体系进行系统思考。首先，各高校将教育部目录中确定的16门核心课程作为法学专业必修课，导致人才培养在课程设置方面存在一定程度的趋同现象。其次，法学专业公共必修课和专业核心课在专业学分中所占比例过大，并且通识选修学分的安排导致法学专业选修课学分太少，因此客观上导致法学专业教育目标难以实现多元化。

3.法学实践教学模式的构建问题

近年来，法学实践教学越来越受到人们的重视，许多高校成立了专门的法学实验教学中心，促进了法学本科专业人才的培养。然而，法学实践教学模式的构建未受到足够的重视，特别是法学专业从职业化上构建具有特色的法学实践教学体系未受到足够的重视。

第四节　新型法学教育人才培养模式的构建

一、国内法学教育人才培养模式

（一）"142"型培养模式

该模式重点关注法学人才培养过程中的一纲（人才培养方案）、四柱（教学方法、教学课程、教学团队和教学模式）和两翼（开设法科讲堂与改革考试模式）。具体来说，改革的前提是要及时制订与复合型、应用型法学人才相配套的人才培养方案，改革的重点环节是教学方法、教学课程、教学团队和教学模式的变革，改革的重要保障为开设法科讲堂与改革考试模式。

（二）实践型培养模式

该模式的重要特征就是能够培养学生的证据搜集能力，而物证实验室是培养"能上法庭，能出现场"的实践型法学人才的重要场所。在物证技术与证据调查的教学模式方面，可以采用兴趣小组、与实践部门合作以及物证实验室的产学研等多种模式。实践型人才培养不仅可以实施"走出去"战略，充分利用合作单位的物证资源开展模拟现场取证活动以及物证技术参观活动，而且可以实施"请进来"战略，邀请校外专家进校开展物证技术方面的讲座与交流。

（三）一流学科型培养模式

该模式提出法学教育应当培养复合型法律人才，法学院校应避免同质化定位，每所院校应确立符合自身校情的独特定位。一流学科应具有国际化的研究视角，可以进行由教师、学生或师生组成的国际交流与合作。

（四）国际化型培养模式

该模式不仅提出了涉外政治、涉外法律事务以及涉外法学研究的精英人才培养目标，强调了涉外法律实习、涉外实践教学以及国际化师资队伍建设的重要性，而且构建了由国际法律课程、交叉学科课程以及外国法与比较法课程所组成的课程体系。

二、新型法学教育人才培养模式的构建策略

（一）明确人才培养目标

从市场实际需求来看，法学人才培养的目标是培养出更符合市场需求的应用型人才，因此，在法学教育人才培养模式中，要把着力点放在培养法学应用型人才上。

首先，虽然法学是一套独立的体系，但我国的高校法学专业教学内容并不能涵盖所有的法学内容，例如《中华人民共和国经济法》等内容并不包含其中，所以应对法学专业的课程内容进行改革，要将其他与法学相关的内容融入法学专业教学。在教学中，要丰富教学内容，让学生更愿意融入其中，主动参与到

法学专业的学习中，并且要加强对学生自学能力的培养，让学生从被动学习转变成自主学习，在学生自学期间激发其创新能力。

其次，学校还要加强教师队伍建设，提高教师队伍的整体素质，在对法学专业的学科教师进行分配时，要遵循科学合理性原则，通过科学合理的奖罚制度和责任制度来提高教师的工作热情和责任心。

当前，我国高校在制定法学专业课程时过于注重理论教学，从而忽视了实践的重要性，导致学生缺乏实践的机会。为了能使学生更好地适应当今社会，高校需要合理调整课程内容，优化课程体系，从而使整个法学课程体系从业余到专门、从理论到实践，使课程更具专业性，构建出知识、能力、素质相结合的结构和体系。除了国家规定的法学课程外，学校还应增加实践类的课程，以降低理论课程所占的比例。

（二）建立立体化的考评机制

在对法学专业学生进行考评时，不能仅凭书面成绩来考评学生的专业度，还要考评学生的实践能力。不可否认，书面成绩是考评学生的重要指标之一，通过书面成绩可以了解每个学生对理论的掌握程度，提高学生在理论方面的熟练程度，从而提高学生的专业水平。而结合学生实践能力建立的立体化考评机制，能使考评更具科学性和针对性。通过考评学生的实践能力，能提高学生的实战经验。结合两者优势，可以使法学专业学生的整体素质得到提升，从而培养出更符合市场需求的法学人才。

（三）完善教学方法

首先，法学课程应多推广多媒体的教学方式，跳出以往的"死板教学"，充分利用多媒体的优势，引用新型案例或实录视频实现动态教学，使学生学到理论知识。其次，在师资力量上，做一个定性和定量规定，例如没有达到要求的教师不允许开课。部分教师在开课期间常常采用自问自答的方式，并不能很好地调动学生的积极性。因此，教师可以采用以下两种方法进行教学：案例教学法，有助于提升知识的趣味性，活跃气氛，从而使学生巩固知识、加深记忆；问答法，有助于锻炼学生的实践能力。

（四）设立实践课程

案例和实践是法学人才培养的核心内容，由于传统课程的局限性，大学教学过分注重理论，学生对专业课程的追求是被动的，缺乏主动学习的积极性。

如果在学生在校期间给予其足够的实践机会，让他们亲身体验现实中的利益冲突，并了解法律知识在争议解决过程中的重要性，必然会激发他们的学习动力。部分在校的法学专业学生不太重视给自身"充电"，学习热情不高。造成这种情况的主要原因是学生对法律知识重要性的认识还停留在概念层面，没有经验的形成，难以有效地激发学习动机。增加学生参与实践的机会，无疑会提高学生的学习兴趣。在解决现实生活问题的过程中，学生的学习状态由被动变为主动，他们会主动寻找信息、研究收集证据、寻求规律、理解规律，甚至重新认识到学习理论知识的重要性。

此外，在实践中，学生会逐渐确定哪些知识更重要，从而带着学习的热情和问题的意识回到课堂，自然就更有利于理论学习，使动手学习和课堂学习真正做到相互融合、相互促进。实践课程以锻炼和培养学生的实践能力为目的，以法律义务咨询、普法教育、模拟法庭、法律文书写作等环节为内容，定位为专业必修课。在学生毕业前开课，每个环节都进行指导，并采取评分的方式来评定每个学生的学分。

（五）加强对学生的毕业实习管理

毕业前夕，学生会自主选择实习单位。但在学生实习期间，学校往往不能全面了解学生的实习情况，教师也无法进行指导。学生在实习单位只涉及日常资料整理工作，很少有机会参与到某一个案件的处理工作中。在完成实习工作后，学生难以将实践内容与在校期间所学的理论知识相融合，自身的能力与从业要求还存在一定的差距。因此，有一部分学生在实习期过后会对自己今后的职业发展方向更加迷茫。针对这一现象，高校要与公检法单位、律师事务所进行密切合作，让学生有机会去实践学习。另外，对处于实习期的学生要进行有针对性的管理，指派专业教师定期与学生沟通，在其遇到问题时及时解答，以提升法学毕业生的专业技能，为学生提供更多的就业机会。

（六）培养法律职业与社会需要的高素质人才

以培养学生的职业品质为核心的教育模式，其内在表现为职业态度和责任心，外在表现为解决问题的工作能力。高校对法学专业学生的教学目标，应以培养高素质人才为核心，培养出具备丰富的理论和知识基础、相应的社会科学背景、出众的逻辑思维能力、优秀的语言表达能力、专业的职业技能和身心健康的法学人才。

1. 培养学生的基础素质

《中华人民共和国教育法》规定，教育的主旨为提高国民的整体素质。所以在培养法学专业人才时，不仅需要培养学生的外语阅读能力和日常的口语交流能力，而且要为其讲授计算机的常用软件等知识，使学生具备一定的组织策划能力和应变能力，从而具备解决一般公共事务的能力。

2. 培养学生的法律专业素质

现阶段，法律行业需要从业人员具备一定的专业基础知识以及独立分析和解决各类案件的能力，同时要求从业人员具备严谨的逻辑思维能力、优秀的分析能力和清晰的表达能力，掌握司法文书的技巧与写作规范，熟练地运用法律相关知识去解决各种问题。

3. 培养学生的实践能力

高校在向学生传授专业知识时，不能忽视对学生实践能力的培养，要让学生掌握调查取证、询问、审问、调解、代理、辩护等专业技能；具有签订合同、与人谈判、履行的实际能力和技巧；掌握刑事侦查技术，包括照相、现场勘查、现场制图、指纹遗留等痕迹的采集和鉴别。

参考文献

［1］ 唐波. 面向"智慧城市"的教育：论国际金融、航运法律人才的培养模式
［M］. 上海：上海人民出版社，2012.

［2］ 房文翠. 法学实验教学原理与课程设计［M］. 厦门：厦门大学出版社，
2011.

［3］ 尹超. 法律文化视域中的法学教育比较研究：以德、日、英、美为例
［M］. 北京：中国政法大学出版社，2012.

［4］ 唐波，张毅，鲁慧，等. 自贸区建设背景下的法学教育改革［M］. 上海：
上海人民出版社，2015.

［5］ 单晓华，韩涛. 卓越法律人才教育培养模式与实现路径研究［M］. 北京：
知识产权出版社，2015.

［6］ 郝艳兵. 法治中国语境下的法律人才培养模式研究［M］. 成都：西南交
通大学出版社，2015.

［7］ 张晓翔. 地方高校卓越法律人才培养的理论与实践［M］. 南昌：江西人
民出版社，2016.

［8］ 才惠莲. 法学本科实践教学体系研究：基于中国地质大学（武汉）［M］.
武汉：中国地质大学出版社，2016.

［9］ 桂正华. 卓越法律人才教育理论与实践研究［M］. 昆明：云南大学出版
社，2018.

［10］ 郑玉敏. 地方理工科大学法律人才培养模式创新研究［M］. 合肥：合
肥工业大学出版社，2018.

［11］ 蒙启红，龙迎湘. 中国国际商务法律人才培养研究［M］. 北京：中国
商业出版社，2018.

［12］ 谢伟. 论我国卓越法律人才的培养［M］. 北京：中国政法大学出版社，
2019.

［13］ 李学成. 新时代背景下我国法学教育的新境界［J］. 河南教育学院学报
（哲学社会科学版），2019，38（03）：58-64.

［14］ 何忆. 人工智能背景下的中国高校法学教育改革探索［J］. 才智，2019
（23）：7.

［15］ 吕辰龙. 我国法学教育实践教学模式的完善研究［J］. 法制博览，2019（26）：246.

［16］ 罗泽胜. 新经济背景下法学教育的挑战与应对［J］. 知识经济，2019（30）：150-151.

［17］ 杨阿丽. 法考背景下新建本科高校法学教育改革路径探析［J］. 海峡法学，2019，21（04）：112-120.

［18］ 蒋薇. 法治改革中法学教育的问题反思与完善路径［J］. 延边教育学院学报，2019，33（06）：185-187.

［19］ 马怀德. 法学教育法治人才培养的根本遵循［J］. 中国党政干部论坛，2020（12）：50-53.

［20］ 唐素林. "互联网+"模式下法学教育改革路径的困境与思考［J］. 法制博览，2020（30）：161-162.

［21］ 王斯彤. "人工智能+法学"模式对我国法学教育的推动和变革［J］. 西部学刊，2020（18）：113-115.

［22］ 邹益民. 论我国法学教育对反思能力的培养：基于理论与实践的关系角度［J］. 河南大学学报（社会科学版），2020，60（05）：58-63.

［23］ 蒋雅宁. 当代高校法学教育创新路径探索［J］. 法制博览，2020（14）：218-219.

［24］ 段亚楠. "互联网+"时代法学教育面临的挑战与变革［J］. 佳木斯职业学院学报，2020，36（02）：56-57.